きれい事じゃないんだ、聖書の言葉は

目次

## 悲しみの章



## 怒りの章

## 希望の章　139



※個人情報保護のため本文中のエピソードは再構成されています。
聖書引用は第二十三話のみ新改訳聖書を用い他はすべて新共同訳聖書を使っています。

# はじめに

ビジネスホテルにチェックインして机の引き出しを開ける。だいたいそこには二つのものがある。有料アダルトビデオチャンネルの番組表、そしてその横にある聖書だ。なぜキリスト教の聖典である聖書がそこにあるのか⁉

ホテルに聖書が常備されているのは、アメリカで一九〇〇年代初頭よりホテルや学校に聖書を配る活動が盛んに行われるようになったからである。欧米では毎晩寝る前に聖書を読む習慣のある人々が多く存在していたし、また思い詰めた人々の自死の防止にもなると考えられていたという説もある。ただ、日本にクリスチャンは人口の一％も存在していない。日本のホテル業界は欧米の上辺だけを真似したのか、とにかくほとんど読む人がいないのに聖書は今日もホテルの引き出しの中に置かれ続けている。

聖書は書物ではなく生きものとして時代や国境を越え、神秘的に人と出会う。

ユダヤ教では男子は十三歳、女子は十二歳になると、シナゴーグ（ユダヤ教の礼拝所）で人々を前に聖書を読むことが許される。アメリカの大統領就任式では聖書に手をあてて宣誓をする。

私がアメリカの精神科病棟で働いていた時、ひとりの患者がマッチ箱サイズの聖書を見せてくれた。なんでも彼の祖父が第一次世界大戦で出征した時に、肌身離さず持っていたのだと言う。私は時折、刑務所の受刑者から手紙をもらうが、そこには決まって「獄中で聖書を読み改心をいたしました」と書いてある。聖書は時代、国、場所を問わず人と出会うのだ。

聖書を一般人が読めるようになったのは、五百年ちょっと前の話だ。ドイツ出身のヨハネス・グーテンベルクが発明した活版印刷機によって人々が聖書を購入できるようになった。だがそれは、現在の貨幣価値にすると一冊何百万円、あるいは一千万円ほどもしたという。聖書を手に入れた図書館では、盗まれないように鎖で縛り付けておいたという逸話もある。当時の聖書は、それほど高価なものだったのである。日本に至っては、聖書が印刷され始めたのはほんの約百五十年前の話だ。諸外国の宣教師たちが命がけでアジアにやって来て、協力してくれる日本人を見つけて翻訳した。だが時代はキリシタン禁止令下にあり、聖書一冊を印刷するにも命がけだったのである。

そうした聖書の貴重さを知らず、日本ではアダルトビデオの番組表の横に置かれ、なんだか怪しい本だと思われてしまう。私は、キリスト教系の中高大学の卒業式で、あろうことか卒業生たちが学校のゴミ箱に聖書を捨てていく姿を見たこともある。

なぜ、このような現状があるのか。それは聖書が内包する真理、本当の面白さが、人々にまったくと言っていいほど伝わっていないからだ。

聖書は六十六巻の読み物が一つになってできているが、最も古いものは約三千五百年前に書かれたとされている。これだけの長い間、聖書はどのようにして同じ内容で残り続けたのか？しかも紙やペンがない時代に、なぜこれだけの言葉が記録できたのか。それは現在のＳＮＳ用語で言えば、時代の中でバズった言葉や物語だからだ。

イエスの言葉はツイッターのように百文字前後のものが多い。たとえば喧嘩や争いでやられたら、やられた分だけやり返してよかった当時の社会規範の中で、イエスは「そうじゃない！右のほっぺたを殴られたら左のほっぺたも相手に向けろ」と言い、それがバズったのだ。しかもこの非暴力主義の原点とも言える言葉は、現代でもまったく古びてはいない。むしろ現代社会にこそ必要なメッセージでもあるのだ。不安の解き方、断捨離、人の愛し方や許し方、そして生と死、現代人が悩むすべての事柄へのヒントは聖書の中にあり、今日読んでもまったく色褪せていないのだ。

なのになぜ、聖書の言葉は人々に届かないのだろうか。まず第一に、一人で解読するには難し過ぎるのだ。聖書に興味を持ち読み始めるものの、多くの人が数ページでギブアップする。モーセ、アブラハム、イサク、エルサレム、ベタニア、ナザレなど、聞き慣れない名前や地名が次々に現れると、もう何がなんだかわからなくなる。

第二に、聖書の物語を科学的視点や今日の常識的感覚で読むと一気に壁にぶち当たるからだ。神が世界を七日でつくった、洪水でノアの家族以外の生きものは滅ぼされた、イエスが十字架にかけられ死後復活した等々、どう信じればいいのかわからない。

また聖書を「愛と平和の書物」という先入観を持って読まない方が良い。特に旧約聖書は神とイスラエルの契約を中心に書かれている。つまり選ばれたイスラエルの民が中心なのだ。だから今日的観点から見れば、そこには人種差別的要素が多くある。神が主導して戦争を仕掛け外国人が皆殺しにされる物語も数多くある。聖書はかなり血生臭い。また新約聖書においても「女性は大人数の前で話すべきでない、慎ましくしていろ」とか「妻は夫に従うべき」など男尊女卑の記述が溢れている。聖書の記述には、当時の文化や価値観が反映されている。

そして聖書にはたくさんの矛盾がある。たとえば新約聖書の中にはイエスの伝記として、マタイ福音書、マルコ福音書、ルカ福音書、ヨハネ福音書という四つのバージョンある。マタイ、マルコ、ルカ、ヨハネは筆者とされている人物の名前であり、それぞれ四つのイエスに関する伝記が一冊の聖書に収録されている。しかも、その四つのバージョンでは書いてある事がそれぞれ異なっているのだ。たとえば朝日、読売、日経、毎日という四つの新聞がニュースを報じる時、各新聞社によって事件を解説する視座や解釈は当然変わる。しかし、起こった事実や登場人物、数字などは、よほどのことがない限り変わらない。一方、聖書に収録されている四つのイエス伝には大きな違いがあるのだ。聖書の中で最もわかりやすく、かつ重大な矛盾はイエスの十字架の死についての記述である。マタイ、マルコの福音書では「我が神、我が神、どうして私を見捨てるのですか！」と絶望して死んでいくイエスを描いている。他方、ルカ福音書では、この上なく慈悲と憐れみに満ちたイエス像が描かれている。十字架に自分の体を打ちつけて、それを嘲笑う兵士のためにイエスは神に祈るのだ「父よ、彼らをお赦《ゆる》しください。自分が何をしているかわからないのです」と書かれている。そして、ヨハネ福音書のイエスは、十字架の上で「父よ、私の霊をあなたに委ねます。私は成し遂げた」と、自分の死をもって世界救済の完了を宣言するイエスが描かれているのだ。

この違いは凄まじい。一冊の聖書の中で、教祖イエスが最も大切な十字架のラストシーンで言った事がまったく違うのだ。要するに、聖書を歴史的事実を知ろうとして読んでも行き詰まるだけなのだ。繰り返すが、聖書には世界の始まりの「創世記」から世の終わりを描く「黙示録」まで、全六十六巻が一冊に収められていて、その著者とされているモーセ、ダビデ王、歴代の預言者たち、そしてパウロ、マタイ、ヨハネ等々、彼らが生きた時代、文化、言葉、信条など、何もかもが異なるのだ。矛盾や違いがあるのが当然だ。しかし、それらの矛盾や違いを超えて貫くものが聖書にはある。

それは神がこの世界と人々を絶対に諦めないという不動のスピリットだ。神は自分がつくった最高傑作であるエデンの園をアダムとイヴに与えるが、彼らは神を裏切りエデンを追放される。アダムとイヴの長男は弟を妬み殺害する。さらにアダムの子孫たちは自分たちで街を広げ、神のようになろうとし、神を忘れ、そして争いと殺し合いを繰り返す。それでも神はこの世界と人々を諦めない。なんとかこの世界を救おうと我が子イエスを地上に送る。

しかし、そのイエスさえ人々に殺されてしまう。しかも宗教者や権威者に妬まれ、罪人として十字架にかけられ殺されてしまうのだ。なんという惨劇だろうか。だが神はそれでも、それでも世界を諦めない。イエスを復活させ、人々に赦しを与え続ける。神はその愚直で不器用な愛を止めようとしない。その止まらない神の愛をキリスト教では聖霊と呼び、神とイエス、そして聖霊という三つでひとつの神、「三位一体」として教えている。

いずれにせよ、このスピリットが生きているからこそ、聖書は三千年以上の時を超えて今日もあり続けるのだ。聖書は読み物ではなくて、生き物だ。聖書は生きながら時代を超えて旅をし続けている。だからビジネスホテル、刑務所、病院、学校等々、いたるところにあるのだ。確かに無惨に捨てられることもあるが、逆に人の命を救い、人の人生を変えることもある。

ある時、私の教会に不良高校生がやって来て「僕も牧師になりたいです！」と志願してきた。話を聞くと、なんでも彼は学校の先生を困らせようと職員室の聖書を盗んだが、なんとその盗んだ聖書を開き、神の赦しの大きさを知ったと言うのだ。まさに「オーマイゴッド！」だ。

聖書にまつわる物語はこの上なくダイナミックだ。新約聖書二十七巻のうち約半数の十三巻を書いたパウロは、当初イエスの存在と教えを激しく嫌い、イエスを信じる者を老若男女問わず捕えていた。パウロが捕らえたことによって殺されたクリスチャンの数はとても多かった。だが、パウロは改心し、世界を旅しイエスを伝える者となる。しかし、実はパウロは生前のイエスに直接会ったことが一度もないのだ。イエスに会ったこともなく、また一時はイエスの信者たちを殺めていた者が「愛や平和、赦し」を書いている。伝承によれば、新約聖書の初めにイエスの伝記を書いているマタイは税金の取立て屋だった。つまり、私はクリスチャンを殺めたパウロが書いた言葉を通して平和を語り、貧民から金をむしり取っていたマタイが書いた救い主の奇跡を読んでいるのだ。なんたることか……。

でも、それでいいのだ。聖書は、清く正しい人がクリスチャンのために書いたのではなく、罪人が罪人の救いのために書いたものだ。罪人の世界にやって来たイエスは罪人と過ごし、最後は罪人として殺されてしまう。だからこそ、この汚れ切った世界にイエスの言葉が今日も響くのだ。

この本では、とにかくきれい事を抜きにして、この理不尽な世界で、聖書の言葉がいかに私を翻弄し、そしていかにエキセントリックな奇跡を見せてくれたか、その実体験を記している。伝統的な聖書のメッセージ本とは違うかもしれないが、この閉塞感と希望のなさに押しつぶされそうな社会で生きる人々に必ず、何か感じてもらえるはずだ。

私はこの本を通して布教しようなどとは一ミリたりとも考えていない。だが、もしあなたが生きることに疲れた日々を送っているのであれば、ぜひページをめくってみてほしい。ちゃんとその魂に届くはずだと私は信じている。

# 罪人《つみびと》の章

# 第一話　教会の前で麻薬の売人に声をかけられる

　ある日曜日、礼拝を終えて教会の前に立っていると、一人の男が「おい、兄ちゃん、欲しいかい？」と声をかけてきた。なんと麻薬の売人だ。日本一人通りの多い大久保通り、しかも教会の前には交番もある。そこで牧師が売人に麻薬を勧められるのだから世も末だ。しかし、どうしたことか私は無性に嬉しくなったのだ。

　日曜日、私は真っ白な牧師ガウンを着て牧師様に変身する。朝から一日四回の礼拝を行い、百五十人くらいの人と話をする。牧師モード全開、いつもより丁寧な言葉遣いで「みなさんようこそ」「神様はあなたを愛しています」とか「平和を祈りましょう！」と語り続ける。人々は少なからず牧師に聖人君子を期待する。ビールもコーヒーも飲まず、一日中聖書を読んで祈っていると思っている人もいる。だが、当然ながら中身は生身の人間、いや人間以下だ。讃美歌よりヘビメタを好み、週に五日キックボクシングジムでサンドバックを殴ってストレスを発散し、ビールを飲むのが私にとっての癒しだ。

それでも日曜日は、教会にやって来る人々の期待に応えて良い人、良い牧師でいようとするから心はカラッカラに乾く。だからすべての礼拝が終わると、この真っ白なガウンを即行で脱ぐのだ。そしてTシャツGパン姿になって、韓流ショッピングに熱狂する人混みの中、ゴミだらけの大久保通りに出て深呼吸する。澱んだ空気を吸い込み、「ああ、やっと俺は人間に戻った！」と感じるのだ。

麻薬の売人が私の前にやって来たのはそんな時だった。私と同世代、似たような髪型と体格の男は、「おい、兄ちゃん、欲しいかい？」と言った。反射的に「欲しいって？」、「え？」って聞き返すと「いる？」、男はまた勧めてくるのだった。「え、何がですか？」と聞くと「これだよ、これ」と腕に注射器を刺す仕草をする。誤解なきよう言っておくが、私は麻薬を使用したことがないし、その男のビジネスが良いと思っているわけでもない。だが、この男に声をかけられて、私は確かに嬉しかったのだ。この売人が私の心のどこかささくれた部分を見抜いたからだと思う。

聖書の中に、イエスが自分の弟子をリクルートする場面がある。面白いことにイエスは弟子を選ぶ時、徹底してエリートではなく庶民を選ぶ。しかも、時に罪人を自分の弟子として選ぶのだ。後に新約聖書「マタイによる福音書」を書いたとされるイエスの弟子マタイは税金取りだった。徴収人といえば聞こえはいいが、その実態は不正に金を巻き上げる小悪党だ。当時の税金取りは、なんだかんだ理由をつけて高額な金を庶民から奪い、それを支配者であるローマ帝国に収める際、余分に徴収した金を自分の懐に入れていたのだった。だから、庶民はこの税金取りたちを罪人とし、蛇蝎のごとく嫌い、軽蔑していた。

だが、あろうことかイエスはこの税金取りマタイを自分の弟子にリクルートしてしまうのだ！　しかも、マタイが通りを行き交う人々から通行税を巻き上げていたであろうその瞬間に、「俺と一緒に来ないか?」と誘うのだ。

イエスは、なんてロックンロールなんだろう。小悪党マタイは別に救いなど求めていなかったし、キリストなんかどうでもよかったはずだ。だとすれば彼はなぜ、いきなり声をかけてきたイエスに即行でついていったのだろうか。

それはイエスがマタイを税金取りでなく、人として見たからだ。マタイが今やってる事をわかった上で、その心の奥に秘められた純粋な一面を見抜いたからではないか。イエスは、マタイを薄汚い存在と上から目線で見たり、ましてや「なんでそんな事やっているんだ！」などと説教を垂れることもしなかった。

もちろん周りの人々は全員マタイを軽蔑し、ゴミを見るような目で見ていた。そんな中、マタイをマタイとして見て声をかけたのは、イエスが初めてだったのではないか。正しく生きられない現状を何も責めずに見てくれるイエス。マタイは何か大きな温かさに惹かれてイエスについていってしまったのではないか。

私たちの社会は、人を肩書きや見た目で判断してしまう。私は歌舞伎町の街でいろいろな人々に出会った。ヤクザ、風俗店勤務者、薬物依存者、窃盗癖がある者や元殺人犯……。彼らが身の上を明かしてくれた時、当初、私は反射的に身構えて「怖い、関わりたくない」と瞬時に線引きをしていた。特に元殺人犯と話した時など、恐怖を感じて唇が震えたこともあった。だが、いざ話してみれば驚くほど純粋で優しい人が多かった。田舎の母を案じる小指のない元組員、弟の学費のためにソープランドで働く女性、皆自分が社会からどう見られているか痛いほどわかっていた。だからこそ、目の前の人には優しかった。牧師を生業にして人生知ったかぶりをしている私なんかよりも、彼らの方が何倍も苦労をし、様々な人間に揉まれ社会の闇を知っている。彼ら彼女たちは、人がきれい事で生きられないことを誰よりもよく知っている。だが逆に教会や神に対して聖なる畏れを感じていたし、牧師である私を尊重してくれた。私の魂の奥底を見てくれている気さえした。見る人は見るべきものを見る。

キリスト教界で牧師は「先生」と呼ばれる。そして人々は私を先生として見る。でも私は先生になどなったつもりは一度もない。死を前にした人、絶望している人々と共にいる牧師になりたかっただけであり、誰かに正しさや生き方を教える先生になどなったつもりはない。けれども、私を「牧師」と呼ぶ者はほとんどいない。また、本当の名前「和寛」と呼んでくれる者もいない。一年中「先生」だ。本当の私ではない呼称に惰性のように応え続けた末、心が擦り切れていたのだ。

この麻薬売人の兄ちゃんは、とっさにこのような私の擦り切れた魂を感じ取ったのではないか。また、私も彼を犯罪者として見なかった。彼にはまったく凶悪な雰囲気などなく、その辺を歩いている兄ちゃんだった。「いや〜、実は私ここの教会の牧師でさあ、さすがにクスリはやれないよ〜」と答えると、男は「そっか〜、牧師さんなんだ。でも兄ちゃん強そうだな、俺の組の事務所そこだから遊びに来いよ！」とまで言ってくれたのだ。麻薬の売人と牧師、教会と交番に挟まれた大久保通りで二つの魂は不思議と共鳴してしまったのだ。

この話を読んだ読者の中には、私のことを極端で危ういと思う者もいるだろう。けれども聖書を読んでみてほしい。イエスの周りには大勢の罪人が集まっていたのだ。ありとあらゆる罪人がイエスの周りに集まり、イエスは彼らを好み共に食事をしていたのだ。イエスこそ、もっと危うい中にいたのだ。

イエスは税金取りマタイを弟子に選んだ。マタイが罪人である事は百も承知、でもそんなものに左右されないマタイの魅力、善さをも見抜いたのだろう。伝承では、マタイが後に新約聖書マタイ福音書の作者になる。人々から金を巻き上げ、誰からも嫌われ、ゴミのように見られていた男が世界一のベストセラー聖書の筆者になってしまったのだ。何が罪人を聖人に変えたのか？　理由はただひとつだ。イエスがあの日、マタイを一人の人間として見つめ声をかけたからだ。

あなたには、あなたの本当の姿を見て声をかけてくれる人はいるだろうか。あなたの過ち、失敗、過去の罪をジャッジせず、あなたの本当の善さを見てくれる人はいるだろうか。あなたの失望、怒り、妬み、悲しみ、死にたいほどの絶望を見て受け止めてくれる人はいるだろうか。私は牧師として言いたい。大丈夫、イエスが見ている。罪人のあなたを見ている。人間であるあなたを、それでも宝物のように見ている。

閉塞感の中で互いに監視し合い、間違いを犯す者を皆で吊るしあげる流れが加速している。八方美人になって、無難を選び、自分に嘘をついて毎日を送る。だが、人の目なんて気にする必要はない。何も見えていないのだから。大事なことはただひとつ、神が今日あなたを見つめているということだけだ。

**マタイによる福音書9章9—12節**

イエスはそこをたち、通りがかりに、マタイという人が収税所に座っているのを見かけて、「わたしに従いなさい」と言われた。彼は立ち上がってイエスに従った。イエスがその家で食事をしておられたときのことである。徴税人や罪人も大勢やって来て、イエスや弟子たちと同席していた。ファリサイ派の人々はこれを見て、弟子たちに「なぜ、あなたたちの先生は徴税人や罪人と一緒に食事をするのか」と言った。イエスはこれを聞いて言われた。「医者を必要とするのは、丈夫な人ではなく病人である。」

# 第二話　あいつはクズだ

人間はクズだ。私はクズだ。神と人に仕える牧師をしながらも、金が欲しい、好きな服を着て、美味しい物を食べて過ごしたい。人気が欲しい、注目されたい、チヤホヤされたい、そう思いながらこの本をしたためている私はクズの偽善者だ。その一方で、他者に対して「こいつクズだな」と怒りに燃える事もたくさんある。聖職者だからといって妬《ねた》みや嫉《そね》み、あるいは憎しみの感情から解放されているわけではまったくない。

聖職者は四六時中人間を相手にする職業であり、不特定数の人間から毎日のように愛憎それぞれの感情を向けられる。激しく感謝されることもあれば、刃物で襲われることや裁判で訴えられることもある。

「皆が尊い」「ひとり一人が素晴らしい」と世の聖職者は言うが、そうした言葉は自分の醜さ、人間の持つ魔性を理解してから言わなくてはならない。すべての人間に潜む汚泥のような醜さ、どこで爆発するかわからない狂気に対して目をそらさず、そしてそれでも例外なく誰もが持っている命の輝きを大胆に言葉にするのが聖職者なのだと私は思っている。

　耳に聞こえが良いことだけを語るのは偽善なのだ。相手や自分の醜さに本当はとうに気がついているのに、それを見ないふりをして、そして偽善の言葉だけを語り続けるならば、誰も救えないどころか自分の心が壊れてしまう。

　ストレスフルな人間関係の中で自分を理不尽に攻撃してくる人間がいたなら、堂々と「クズだ」と思えばいい。それがわかった時、私の心はフッと軽くなった。また、人間関係の悩みを相談された時、「無理にその人と和解したり、うまくやろうとしなくていい。あなたをそんなに苦しめるそいつはクズだ」と悩める人に伝えられるようになってから、私はより多くの人と心を通わせることができるようになった。そして、私をそうした考えに至らせてくれたのは、他でもない聖書の言葉だったのだ。


　聖書の中の最初の人間、アダムとイヴは大地の塵《ちり》からつくられた。英語だとダスト、つまり埃《ほこり》だ。そして、聖書は人間の存在を塵からつくられ塵に戻る存在だと、はっきり言っている。また最後の預言者でありイエスに洗礼を施したヨハネは、人々がいかに罪に汚れているかということを叫びまくった。特に神の民とされていたユダヤ人たちに向かって、「お前らの血筋がなんだ？　お前らはマムシの子ども、神は石ころからだってお前たちをつくり出せるんだ！」と罵倒し、彼らのプライドを破壊した。

とにかく、塵や埃からつくられた最初の人間であるアダムはダメ人間だった。神からありとあらゆる果実が取れる楽園エデンに住まわせてもらい、パートナーのイヴも与えられた。何一つ不自由しない楽園で、神は一つだけアダムとイヴに命じた。「エデンの園の中央に生えている善悪の果実だけは絶対に食べてはならない。食べると必ず死んでしまうからだ」

だがアダムとイヴは、その神の命令をいきなり破る。神はアダムに「どうして食べるなと言ったのに食べたのか⁉」と問いただすと、アダムはあろうことかイヴのせいにした。「あなたが一緒にいろと言ったこの女が手渡してきたので食べました」なかなかのクズっぷりだ。神との約束を破ろうとも「神よ、私が悪いのです。私の命を奪ってください。でもイヴだけは助けてください！」と言えたらカッコよかったのに。さらにアダムは「この女を送ったのは、神よあなただ」とさえ言ったのだ。そう、この男が人類第一号なのだ。神を裏切り、自分の過ちは棚に上げ、人のせいにし続ける。そもそもアダムはエデンの園に住まわせてもらったことに対する感謝を神に表さず、最大の裏切りを行っても謝罪さえしない。「ありがとう」も「ごめんなさい」も言えず、人のせいにばかりする。今の世の中にも、そういう人はたくさんいる。聖書によれば、私たちはこのアダムとイヴの子孫だ。クズで当たり前なのだ。

イヴだってそうだった。「アダムに果実を勧めたのは私です。私がすべて悪いのです。お願いですからアダムだけは殺さないでください！」などとは言わず、やはり「エデンの園にいたヘビにそそのかされたのです」と言い訳をした。

これが聖書に記されている人類最初の夫婦の姿である。支え合いも何もあったもんじゃない。神が最初につくった夫婦は、罪のなすりつけ合いをした夫婦だった。さらに言えば、アダムとイヴの子カインは弟アベルを殺してしまっている。何という家族だろうか。完全に崩壊した家庭だ。つまり、聖書を読むことは清く正しい人間を目指すということではなく、いかに人間が汚れ、過ちに満ちているかを知ることである。聖書に書かれているのは、人間の醜い争いや裏切りの連続だ。そこを語らずして夫婦愛、理想の家族、神への信仰、真の自分といったきれい事を目指そうとするからおかしなことになる。

正しい人、普通の人なんていない。少なくとも欲望渦巻く歓楽街歌舞伎町の裏界隈で、また暴動で燃えるアメリカの街で牧師をしてきた私が見てきた人間はみんな狂っていた。

月に三百万円も稼ぎながら、そのすべてをホストに貢ぐソープランド嬢。夜中に家を抜け出して公園のゴミを食べるのを趣味としている主婦。覚醒剤がやめられない教師。真冬に全裸で公園を走り逮捕される中年男。教会内に何人もの愛人をつくる聖職者……。

最初は私も驚いたが、毎日のようにえらく個性的（?）な人間に出会い続けるうち、世間の常識からすれば歪んでいる人に会っても「あ、人なんだな」と安心するようになってしまった。そして私は、次から次に壮絶な過去や思いもよらない癖を持つ人々の話を聞かせてもらううちに「何を告白してくださっても私は驚かないし、ましてやあなたを軽蔑したりなんかしませんよ」とまで言えるようになった。ただ、牧師として彼らの話をどこか他人事だと思っているから聞いていられたのかもしれない。しかしその一方、そうした超個性的な人に出会えば出会うほど彼らと対峙する自分が隠し持っている癖、いつ爆発するかわからない裏の自分が怖くもあった。

ともあれ、異様な性癖や暴力の矛先がこちらに向けられることは日常茶飯事だった。自殺するから一緒に死んでくれと言ってくる人、私が過去に書いた文章の間違いにすべて赤ペンを入れて毎週速達で送りつけてくる人もいた。いずれにせよ、ここには書けないようなことばかりだ。そんな時に自分の魂を救ってくれる言葉、それが「人間は皆クズだ！」である。普通の人なんていない。普通という曖昧な定義に収まっているふりをしている人間の方が怖い。誰もが偏っていて、歪んでいて、攻撃的であって、内に毒を持っている。そう、人間は地面の塵や埃でつくられたクズだからだ。間違いのない人間などこの世に一人も存在しない。だが聖職者としてこれだけは絶対に言わせてもらいたい。人間は「聖なるクズ」なのだ。すべての人がとても尊いクズであり、誰一人としてこの世に不要な人間などいない。

聖書をさらに詳しく読むと、「神は地面の塵で人を形作り、その鼻に命の息を吹き入れた、こうして人は生きるものになった」と記されている。そう、神は塵を大切に一粒ずつ集め、愛おしむように形を整え、そして最後に自分の息を吹きこんで人を完成させたのだ。自分の心と書いて「息」と読む。つまり神は自分の心を塵に吹き込んだのだ。「この世界にあなたがいて欲しい！」「あなたは他の誰でもない。私がつくった最高傑作なのだ！」

聖書によると、神は自分のイメージによって人をつくった。つまり人は皆、神のハンドメイドであり、最高傑作であり、アートなのだ。

アートはアートであるからこそ、すべての人に理解されるわけなどないのだ。皆に良いと言われるものはアートではない。絶対に賛否両論あるはずだし、もっと言えば多くの反対者がいればいるほどいい。だから人によく思われようとか、社会が決めた「普通であること」、日本人が大好きな「みんな一緒病」など無視すればいいのだ。

この歪《いびつ》な人間のジャングルで生きる私たち、毎日うざったい人間に出会うであろう。あなたを攻撃し批判してくる輩、それが趣味のような奴らが必ずいる。そんなジャングルでサバイヴするのは本当に疲れる。でも私はそのような人々をクズだと思うようにしている。そして少しだけ心の余裕を持って聖なるクズ、神のアートだと思うようにしている。この人の歪さ、ねじれ、ひん曲がった思考、すべてアートだ！　神がこの人たちをつくったのだ！　俺には絶対わからないけど。そして自分の偏り、歪さも変える必要もないし、第一変えることなんてできない。なぜなら、神がそうつくったからだ。私もアートだし、あなたもアートなのだから。

**創世記2章7節**

主なる神は、土（アダマ）の塵で人（アダム）を形づくり、その鼻に命の息を吹き入れられた。人はこうして生きる者となった。

# 第三話　社長もホームレスも牧師もただの罪人なのだ

私の教会には様々な人々が集う。アフリカ人、アメリカ人、ヨーロッパ人、中国人等々。また、やって来る人々の社会的地位も千差万別だ。社長、ホームレス、主婦、学生、お年寄りから赤ちゃんまで。ありとあらゆる人々がひとつの教会に集まっているのが私の自慢である。

そして私は時に礼拝で大胆に言い放つ。

「残念なお知らせがあります。あなたはただの罪人です！　今、『私は違う』と思った人、かなりの罪人です。自分も罪人かもしれないけれど、あの人はもっと罪人だ！　なんて一瞬思った人、かなり罪深いです。社長だろうと公務員だろうと大学教授だろうと、あなたは単なる罪人です！」

言い放った瞬間、私は凄まじい快感に満たされる。だって教会の十字架の前だけでは皆が罪人、イコールになれるのだ！　偉そうな輩たちもその真実には抗えない。実にスカッとする。はい、こんな悪趣味な私も一応罪人なのだ。アーメン。

聖書の中の全テーマは、人がいかに罪に汚れているかという事でもある。しかもそれは文学的な罪だとか宗教的な罪ではない。刑事罰にならなくてもあなたが犯した過ち、そしてあなたという人生に根強くも染み込んでしまっている罪。何度も止めようと思ったけれどもどうにもならない性癖。毎日人を憎み、人を蹴落とし、自分がのし上がりたいと思っている罪。「自分なんて価値がない……」と自分を卑下する罪。厳しく言えば、自分という存在そのものが罪なのだ。

だが、イエスは言った。「私は正しい人を招くためでなく、罪人を招くために来たのだ」使徒パウロは「この世界に義人はいないのだ、正しい人など一人もいないのだ」と言った。つまり、キリスト教会とは罪人のための場所なのである。そして、罪人が罪人のままやって来て神と出会う事が礼拝なのだ。

聖書の中に「不正な管理人の物語」がある。あるところに、ビジネスで成功した大金持ちの主人がいた。主人は何人も管理人を雇って、自分の財産を殖やしていた。だが、そのうちの一人の管理人が横領をしていた。きっと何百万、いや何千万円という額だったのであろう。そしてその横領が仲間うちでバレる。「アイツ絶対に横領している」と、誰かがそれを密告した。

それを聞いた金持ちの主人は怒り心頭、その不正な管理人を呼びつけ「お前について聞いていることがある、会計報告をしろ！」と問いただす。不正がバレた管理人は焦り、どうやってこの難局を乗り越えるか必死に考える。

　聖書は実に人間を泥臭く描いている。不正がバレた管理人は「どうしよう、バレてしまった。でも俺は土を掘ることもできないし、物乞いをするのも恥ずかしい」と慌てふためいているのだが、現代の言葉に翻訳すれば「俺、ツブシきかないし、ホームレスなんて絶対になりたくない！　俺はどうしたらいいんだ～（涙）」といったところだ。要するに典型的なダメ男で、その上プライドも高い。そのくせしてこの男はずる賢い。「そうだ、主人から借金をしてる者たちの借金を私がまだ管理人でいられるこの間に減額してやろう！　彼らに恩を売っておいて、私がここをクビになったあと今度は彼らに助けてもらおう」と、大胆かつリスキーな事を実行するのだ。

　わずかに与えられた執行猶予の日々、本来であれば親戚や闇金から金を借りて横領した分を補塡して誤魔化そうとするのではないか。だが、この男は不正の上にさらに不正を重ねる。自分の主人から金を借りている債務者たちを次々に呼び出し、「お前はいくら借金をしているんだ？　百万円か。わかった、その借金半分にしてやる。ほら、これが新しい借入証書だ、お前の借金は五十万円でいいぞ」といった具合に、次から次に債務者たちを呼び出しその借金を減額していくのだ。この不正な管理人は主人の金を横領しただけではなく、今度は主人の貸付金まで勝手に減額をしてしまうのだ。

　そしてとうとう主人はこの管理人の本性に気がつく。本当なら怒り狂い、その場で叩き殺してしまってもおかしくはない。だが、なんと主人はその不正な管理人を見て大喜びするのだ！「凄い奴だ！」と。この主人、器が大きいというか完全にぶっ飛んでいる。

私はこの物語を読んで嬉しくなった。そして大きな発見をした。この物語は「不正な管理人のたとえ」ではなくて「イカれた主人のたとえ」なのだと。要するに、この主人は神を表している。つまり、聖書が伝えている神とは全知全能で清らかなる神ではなくて、ぶっ飛んだ神、本当に罪人を愛する神、そして私の神なのだ。

告白すると、私もかなりの罪人である。実は小学生の時、私は万引き少年だった。同級生たちと商店街のすべての店で万引きをする「万引き大行進」というふざけたことさえやっていた。しかし、ある日同級生のケンジと駄菓子屋で万引きして捕まった。私はラムネを盗み、ケンジは三十円の『よっちゃんイカ』を盗んで捕まった。私たち悪ガキは駄菓子屋の店主に倉庫に軟禁され、親が呼ばれた。先にケンジの親父がやって来たのだが、いきなりケンジの頭をバコーン！と殴りつけたが、その親父が次に言った言葉が凄かった。「おいお前！盗むんだったらもっといいもん盗め！こんな場所で『よっちゃんイカ』盗んで捕まるなんて情けな過ぎる！」と言ったのだ。するとそれを聞いた駄菓子屋の店主が「こんな場所でこんなもんってなんですか！お父さん！」と怒り出した。

ケンジの親父の姿は私に生涯忘れられない衝撃を与えた。盗むんならもっといいもん盗め！

ケンジの親父の心があなたにはわかるだろうか？　親父は「よっちゃんイカ」なんかじゃなくもっと高いケーキ盗めとか、宝石を盗めと言ってるわけじゃない。「俺はお前のこと、そんな小さい人間に育てた覚えはねえぞ。こんなところで足踏みしてんじゃねえ、もっと大きく進め！」と言ってぶん殴ったのだ、と私は幼いながらに感じた。

この日から私とケンジは万引きをしなくなった。だが、良い子には当然なれるわけもなく、次の日からは爆竹など花火で悪さをする悪ガキにバージョンアップした。その後、私とケンジはとある大学生寮に爆竹を投げ込み、またしても警察のお世話になってしまった。

あれから三十年近くの時間が流れ、ケンジはなんと消防士として働いている。人に迷惑をかけまくっていた悪ガキケンジが世のため人のために働いている。爆竹を大学生寮の中に投げ込んで警察に捕まったケンジは今、燃える家に捨て身で飛び込み逃げ遅れた人々の命を救っている。おまけに私は牧師として人々に「救い」やら「赦し」やらを説いている。

ケンジを育てたのはあの激しいオヤジだ。三十円の「よっちゃんイカ」を盗んだ時、「盗むんだったらもっといいもの盗め！」と殴った親父の愛がケンジを大きくした。もしここでケンジの親父が「もう二度としてはいけないよ、人の物を盗んではいけないんだ」と正論だけをいう親父だったらケンジは大きく羽ばたけなかったと思う。

そして、私は私の父なる神を想う。イカれていて器のバカでかい神が罪人の私を見ている眼差しを感じるのだ。神は私たちが罪を犯し、失敗し続けながら生きていく事を知っている。だが、神は私たちに聖人になれと言っているわけではない。初めから罪人なのだから、大胆に罪人として、でも愛を持って生きろと言っているのではないか。神は私たちに、犯している罪を偽善で覆い隠して、社会的評判を得るために八方美人で無難に生きろと言っているわけではない。むしろイエスは偽善者が大っ嫌いで、逆に本当に罪人が大好きなのだ。そして、キリスト教とはこのイエスを信じる者の集まりで、聖人や偽善者たちの集いではない。思い切って皆で良い人を辞めよう。上部だけの良い人なんて一緒にいるだけで窮屈だ。

最後にもう一度聖書の物語に戻ろう。もし不正な管理人の悪事がバレた時、「ご主人様、ごめんなさい。必ずお返ししますから、私が完済するまで無償で働かせてください」と言っていたら、主人はきっと許さなかったのではないか。だが、イカレた主人は悪事の上にさらに悪事を重ねるこの男を「お前すげえな！」と、自分の財産を減らされ続けているのに喜ぶのだ。それはこの男が完全な罪人、完全なる自分自身でいたからだ。

この男は、真面目にコツコツ働き社会的信用を得られるタイプではない。そのことは自分がよく知っている。不正をして食いつないできたずる賢い男だ。でもどこか憎めないところがあって、同じタイプの人々からは慕われていたのではないか。そして、自分の究極のピンチに陥った時も、自分の生きる道をつくりつつ貧民の借金を減らしコネクションをつくるというアクロバティックな技を見せる。この男は聖なる罪人だ。そのようなダイナミックな生き方を見て、主人はこの男を褒めるのだ。「お前はスゴイ！」と。

この聖書の物語の最後に、イエスは「不正な富に忠実であれ！」と言う。「不正に忠実であれ」とは、あなたはあなたに忠実であれ、神がつくったあなたに忠実であれ、あなたの闇も光もすべて隠すことなく、他の誰かになろうとするのではなくあなたでいろ、という事である。嬉しいではないか！　私は私のまんまでいいのだ。薄汚くていやらしく、過ちだらけの私のままでいいのだ！　だから私は今日も教会で叫ぶ「よく来たな罪人たちよ！　お前たちは社長だろうがホームレスだろうが、医者だろうが、何だろうが全員罪人なのだ！　たくさん罪と闇を抱えているのだろう？　でもそれでイイのだ。それを隠さず、完全なるあなたのままで生きよう。そして少し他人も愛そう。あなたは聖なる罪人なのだから！」

---

**ルカによる福音書16章1―11節**

イエスは、弟子たちにも次のように言われた。「ある金持ちに一人の管理人がいた。この男が主人の財産を無駄遣いしていると、告げ口をする者があった。そこで、主人は彼を呼びつけて言った。『お前について聞いていることがあるが、どうなのか。会計の報告を出しなさい。もう管理を任せておくわけにはいかない。』管理人は考えた。『どうしようか。主人はわたしから管理の仕事を取り上げようとしている。土を掘る力もないし、物乞いをするのも恥ずかしい。そうだ。こうしよう。管理の仕事をやめさせられても、自分を家に迎えてくれるような者たちを作ればいいのだ。』そこで、管理人は主人に借りのある者を一人一人呼んで、まず最初の人に、『わたしの主人にいくら借りがあるのか』と言った。『油百バトス』と言うと、管理人は言った。『これがあなたの証文だ。急いで、腰を掛けて、五十バトスと書き直しなさい。』また別の人には、『あなたは、いくら借りがあるのか』と言った。『小麦百コロス』と言うと、管理人は言った。『これがあなたの証文だ。八十コロスと書き直しなさい。』主人は、この不正な管理人の抜け目のないやり方をほめた。この世の子らは、自分の仲間に対して、光の子らよりも賢くふるまっている。そこで、わたしは言っておくが、不正にまみれた富で友達を作りなさい。そうしておけば、金がなくなったとき、あなたがたは永遠の住まいに迎え入れてもらえる。ごく小さな事に忠実な者は、大きな事にも忠実である。ごく小さな事に不忠実な者は、大きな事にも不忠実である。だから、不正にまみれた富について忠実でなければ、だれがあなたがたに本当に価値あるものを任せるだろうか。」

# 第四話　壊れた家族と世界の物語

クリスチャンが祈る時に「天の父なる神よ」「天のお父様」という言葉を使う。宗教アレルギーの人々は、ここで「え？」と躊躇するかもしれない。「神が父？　何、お父様って？　気持ち悪い……」なんて思うのではないか。

しかし、クリスチャンたちだって日常的に「天の父」「お父様」といった言葉を使っているわけではない。そもそもイエスが、神に祈る時は「父と呼びかけよ」と語ったからこそ、クリスチャンは神に父と呼びかける。だが父と言ってもピンキリだ。清潔でカッコいいリカちゃんのパパ系、真面目な会社員のお父さん系、はたまた朝から缶ビールを飲むダメオヤジ系までいろいろなタイプがいる。では聖書に出てくる父なる神はどのような父なのだろうか。その父のキャラクター設定ができていないから、私たちは聖書を読んでも神を身近な救い主と感じられないのだ。

私の結論を言えば、聖書に出てくる神は私たちが考えるような全知全能、正義と優しさのお父様ではなく、ダメオヤジだ。感情的で矛盾に満ちていて、それでも憎めない、愛情に満ちたダメオヤジだ。聖書の中に「放蕩息子のたとえ」という有名な物語がある。金持ちの家のバカ息子が父親の金を散財して一文無しになるが父親の寛容な愛によって許される、と語り継がれている物語だ。既存のキリスト教界は「神様は全財産を使い切った放蕩息子を無条件の愛で赦します。そんな神様にあなたは愛されています！」というような決まりきった表面的メッセージを語っているが、私はそうは思わない。確かにこの物語は父親の財産を生前分与で受け取り家を出て、女や酒で使い果たした大バカ息子の話だ。だがこのバカ息子をバカ息子にしたのは誰だろうか？　間違いなく父親である。何百万か何千万円か、とにかく大金を持ち去って、それをすべて欲望を満たすために使い果たし、周りに人が誰もいなくなって実家に戻ってきた息子を叱ることもせず、この父親は駆け寄って抱きしめ、召使いに最高級の服を持って来させ、仔牛を一匹丸々焼いて宴会を始めるのだ。完全に狂っている。病的な過保護である。

ちなみに、この物語には母親が出てこない。かあちゃん、どこへ行ったのだろうか。死別か、離婚か、もしかしたら過保護親父に虐待され続け、引きこもっていたのかもしれない。とにかくこの物語には母親が不在である。ところで、このバカ息子には堅実に父親の家業を手伝っていた兄がいた。だが兄は父親の過保護っぷりに激怒し、弟が実家に帰ってきた事をこれっぽっちも喜ばない。いずれにせよ、この家族は歪んでいる。壊れている。

あるとき、先輩牧師が私にこう問いかけた「この物語の結末、どうなったと思う？」「俺はこの息子、また同じ事を繰り返したと思うよ。この息子は一文無しになり、ある農家の使用人になるが家畜の世話をするのが嫌になり、父親の元に戻った時にどう取り繕おうかとシミュレーションをしていた。改心なんてしていない。この息子はしたたかだよ」

その通りだと思った。私はこれまで既存のキリスト教会の教えに洗脳されていた。この息子は父親の無条件の愛の前に改心などしていない。一から出直すふりをして父親の処に戻り、さらにそこで甘やかされていくのだ。人の性根を変えることなんてできないのだ。

これは放蕩息子の話ではなく、壊れている家族の物語だ。だからこそ、壊れた家族関係の中に生きる私たちに届くのだ。父親は超過保護で、かあちゃんはどっかへ行ってしまっている。兄は心を閉ざし、弟は家の財産を食い尽くした。この世界のすべての家族は、形は違えど歪んでいる。なぜなら、家族だからだ。家族とは、神が創造したこの地上で最も貴い器かもしれない。けれども、家族はこの地上でいちばん壊れやすく、互いに傷つけ合ってしまう最も儚い器でもあるのだ。

聖書に出てくる家族も問題だらけだ。アダムとイヴの家族、ノアの方舟家族など、家庭内殺人、険悪な夫婦関係、裏切り、近親相姦等々、まさにカオス状態だ。聖書は目を伏せたくなるような人間世界の現実を書き記している。けれども、そのどうしようもない家族を、どうしようもないオヤジが何とかしようとしているのだ。そして聖書は一行たりとも神が白ガウンのヒゲ姿だとは言ってはいないし、神はリカちゃんのパパみたいにきれいで優しくて清潔な天のお父様であるとも言ってはいない。イエスが「神を父と呼べ」と言ったのは父さんでも、お父様でも、パパでもなくて、「オヤジ」と呼べというニュアンスだったのだ。それはリカちゃんのパパとは真逆の、漫画『巨人の星』に出てくる星一徹みたいな、気にくわなければ怒り狂ってちゃぶ台をひっくり返すが、それでも不器用なまでに我が子を愛し鍛える、そんなオヤジだと私は思う。聖書に記されている神は世界と人をつくった事を後悔し、洪水を起こしたり怒りまくったりする極めて感情的な神。だが、このオヤジはそれでも人々を諦めないのだ。

あなたの父親、オヤジはどのようなオヤジだろうか。素晴らしい父親かもしれないし、DV、不倫、ギャンブル等々、どうしようもないダメオヤジかもしれない。キリスト教界にもたくさんオヤジが居て、皆善人面してるが一枚皮を剝いで見れば世のオヤジと同じだ。自分勝手で欠点だらけ、そして孤独で、でもそれでも優しい、そんな愛すべきオヤジたちが私の周りにはたくさんいる（私もオヤジの域に入っているが）。愛すべきオヤジたちは不器用なのだ。失敗ばかりするし、家族を傷つけもする。でも、それでも家族を守ろうとし、愛そうとし、そしてまた失敗する。それを何度も繰り返す。聖書のオヤジ、神も同じである。

オヤジはエデンの園という楽園をつくり、人間、そして家族をつくった。自分がつくった楽園、マイホーム、ここにいればアダムもイヴも大丈夫だとオヤジは思った。しかし、見事に裏切られる。オヤジは最初に彼らに言った「このエデンの園の作物は何でも食べていい。でも善悪の知識の木の実だけは絶対に食べてはならない。食べたらお前たちは必ず死ぬ」

しかし、ダメと禁止されたら食べたくなるのが人間なのに、なぜオヤジはわざわざエデンの園のど真ん中に善悪の知識の木を植えたのか？　そして見事にアダムとイヴはその禁断の果実を食べてしまった。その代償は死である。

その時、オヤジはどうしただろうか？　アダムとイヴの頭上に雷を落とし、炎を降らせ、命を奪っただろうか？　オヤジは二人の命を奪わなかった、奪えなかったのだ。理由はただ一つ、自分の最愛の家族だからだ。オヤジはアダムとイヴの命など奪えない。逆に約束を破られたことに胸が張り裂けそうになるが、それでもエデンの園の獣を殺して革の衣をつくり、裸になって震えているアダムとイヴに着させるのだ。まさに、放蕩息子のオヤジと同じだ。

放蕩息子の父親、ダメオヤジはどんなに裏切られても、盲目的に息子を信じている。「俺の息子だもの！　きっと俺の財産を元手にビジネスを成功させて一財産築いて帰ってくるはずだ。俺の息子だもの！」と。だが、バカ息子はいくら待っても帰ってこない。便りは一通もない。便りの代わりに風の便りで聞こえてきたのは悪い噂だけだったかもしれない。

「お前の息子は娼婦に金をつぎ込んでるぞ。酒に溺れて毎日遊んでるらしいぞ」

だがオヤジは、息子をそれでも信じていた。きっと毎日、農園の端っこに立って息子が帰ってくるのを待っていたのだろう。だから息子が一文無しになってボロボロになって帰ってきた時、すぐに見つけ出して全力で走って行き抱きしめたのだ。そして最高の服を着せ、パーティーを始めるのだ。「赦し」などではなく、最大の「甘やかし」だ。

そして、当たり前だがこの甘やかしを見せつけられた真面目な兄は激怒する。「父さんは真面目に働き続けている私のためには何もしてくれないじゃないか！」と。家族はさらに歪む。だがオヤジは、それでも何とか家族を繋ぎとめようとするのだ「息子よ、そうじゃない。私のものはすべてお前のものだ。だから帰ってきた弟を一緒に祝おう！」

聖書はこの家庭のその後を書いてはいない。私はこの家族はさらに歪んだと思う。しかし、だからこそ、聖書は私たちのきれい事では済まない現実に食い込んでくるのだ。

私たちが教会に行くということは、このバカオヤジの農園に戻ってきたということだ。なるほど、あなたは財産を欲望のままに使い果たしたりはしていないかもしれない。だが、私は神から与えられた時間と能力を自分の私利私欲のために使っている。他人から見れば他者を助けている牧師だと思われたとしても、それはフリかもしれないし、自分自身のためにやっているのかもしれない。あなたはどうか？

逆にもしかしたら、あなたはこのバカ息子の兄のような存在かもしれない。真面目に働き続け周囲に貢献している。だからこそ、そうでない弟、つまりそうでない世間の人間をジャッジしまくってはいないか？　政治家、芸能人、職場、ご近所、家庭内、ありとあらゆる人間を蔑むことによって自分の正当性を保とうとしてはいないか？　だが究極的には、あなたがバカ息子であれ真面目アニキであれ、どちらでもいいことだと私は思う。

ただ、一つだけ確かなことは、この理不尽な世界に人が考えるような全知全能の神はいない。

いるのであれば、この世界の争いや災害を止めてくれるはずだ。神はこの世界の人々を導くことができない。ダメオヤジだからだ。でも究極的にはダメオヤジはオヤジなりに、不器用ながらもこの世界と人々、家族を愛し何とかしようとする。どうにもならないかもしれないが、オヤジはそれを諦めていないのだ。

そのような泥臭い、無能な神など信じたくはないだろう。でも、私がもし人生の最後に帰る家があるのだとしたら、このダメオヤジの家に帰りたい。人生の最後の日、隠し事だらけで欲望と怒りと悲しみで満ち溢れ、美しくなど生きられなかった私は、正しさでピカピカ、埃ひとつ落ちてないお父様のお宅には上がれない。でも、バカオヤジの家だったら飛び込みたい。泥だらけで、傷だらけで、素っ裸で「いろいろごめん、オヤジ！　帰ってきたよ！」

**ルカによる福音書　第15章11―24節**

また、イエスは言われた。「ある人に息子が二人いた。弟の方が父親に、『お父さん、わたしが頂くことになっている財産の分け前をください』と言った。それで、父親は財産を二人に分けてやった。何日もたたないうちに、下の息子は全部を金に換えて、遠い国に旅立ち、そこで放蕩の限りを尽くして、財産を無駄遣いしてしまった。何もかも使い果たしたとき、その地方にひどい飢饉が起こって、彼は食べるにも困り始めた。それで、その地方に住むある人のところに身を寄せたところ、その人は彼を畑にやって豚の世話をさせた。彼は豚の食べるいなご豆を食べてでも腹を満たしたかったが、食べ物をくれる人はだれもいなかった。そこで、彼は我に返って言った。『父のところでは、あんなに大勢の雇い人に、有り余るほどパンがあるのに、わたしはここで飢え死にしそうだ。ここをたち、父のところに行って言おう。「お父さん、わたしは天に対しても、またお父さんに対しても罪を犯しました。もう息子と呼ばれる資格はありません。雇い人の一人にしてください」と』そして、彼はそこをたち、父親のもとに行った。ところが、まだ遠く離れていたのに、父親は息子を見つけて、憐れに思い、走り寄って首を抱き、接吻した。息子は言った。『お父さん、わたしは天に対しても、またお父さんに対しても罪を犯しました。もう息子と呼ばれる資格はありません』しかし、父親は僕たちに言った。『急いでいちばん良い服を持って来て、この子に着せ、手に指輪をはめてやり、足に履物を履かせなさい。それから、肥えた子牛を連れて来て屠りなさい。食べて祝おう。この息子は、死んでいたのに生き返り、いなくなっていたのに見つかったからだ』そして、祝宴を始めた。」

# 第五話　迷える小羊たちよ、さあついておいで

ある日、教会に老人ホームの入居者から電話がかかってきた。

「もう生きているのが苦しい。死にたい、牧師さん来てくれ、話を聞いて祈ってほしいんだ。申し訳ないが明日来てほしい」

そのおじいちゃんが入所している老人ホームは千葉県にあり、新宿から二時間ほどの距離だ。

「わかりました、行きます」と私は二つ返事で承諾した。生きているのが苦しいという見知らぬおじいちゃんを救いたい、使命感に燃えてかっこよく返事をしたものの問題が二つあった。関東に大型台風が接近していたのだ。そして、翌日の午後からキリスト教系の福祉専門学校の卒業式でメッセージを語ることになっていたのだ。

次の日、台風による交通機関の乱れを予想し、私は朝七時に家を出た。だが台風が関東地方を直撃し電車は通常の半分のスピード、かつ乗り換えるはずの電車に至っては運休になっていた。完全に読みが甘かった。午前中に老人ホームにおじいちゃんを訪ねないと、江戸川区で三

時から行われる専門学校の卒業式に間に合わない。慌てて駅を出てタクシー乗り場へ行くと、何とタクシー待ちが二十人ほど長蛇の列、待っていたら一時間以上かかる。ここでタクシー待ちをして老人ホームに行けば、確実に専門学校の卒業式には間に合わない。悪天候の中、帰りのタクシーだって捕まらないだろう。

私はどちらかを選ばなくてはならない状況に立たされた。「生きるのが苦しい、会いに来てほしい」と懇願するおじいちゃんか、もしくは半年も前から約束していた専門学校の卒業式か……。

こんな時こそ聖書は生きるための道標になるはずだが、逆に私を惑わす。私はふと聖書の中で最も有名な「九十九匹の羊を置いて一匹の迷う羊を探しに行く羊飼い」の物語を思い出した。イエスは自分の事を羊飼いにたとえ、「もし百匹の羊を持っていてその中の一匹が行方不明になったのであれば、九十九匹を野原に残して一匹が見つかるまで探しに行く」と言った。そして、この一匹を徹底的に探す羊飼いが牧師のモデルにもなっている。

その話は、見事にこの日の私に当てはまる。百人の専門学校生をとるか、それとも生きる事に苦しむ一人のおじいちゃんか。教科書通りの正論なら専門学校の卒業式を諦め、一人のおじいちゃんのもとに向かうだろう。けれども、世の中そんなに簡単なものではない。牧師にも世間体というものがある。専門学校には卒業という節目にある百人の学生と、それを楽しみにしている家族や教職員がいる。ここでその卒業式を蹴ったら私の信用はガタ落ちとなり、二度と呼ばれることはないだろう。そもそも台風の日にいきなり千葉県のおじいちゃん訪問の予定を入れた私がバカなのだ。

会ったこともないおじいちゃんだ、後で電話をしよう。「途中まで行きましたが、台風で電車が止まりタクシーも二十台待ちでした。午後に先約があったので今日は行けませんでした。後日改めて伺います」と言えば何の問題もないはずだ、事実だし。

というわけで、おじいちゃん訪問を諦めた途端、妙な安堵感が出て私は無性にアイスコーヒーが飲みたくなった。駅から少し裏道に入った処にセブンイレブンがあったので、早速アイスコーヒーを買った。駐車場で思いっきりストローを啜ると、キーンと冷えたアイスコーヒーが台風の蒸し暑さの中で熱った体に染み渡る、はずなのだが心の中がモヤモヤとして、アイスコーヒーが全然美味しく感じないのだ。そうだ、私はやはり「生きる事が苦しい…」と助けを求めているおじいちゃんが気になっているのだ。

そんな最中、何とコンビニの駐車場にタクシーが滑り込んできた。えっ、えっ？　嘘だろう？　漫画のような展開じゃないか。このワンチャンスを逃すわけにはいかない。すかさず「運転手さん、〇〇という施設まで行ってくれますか？」って声をかけた。「おお、いいよ！ちょっとタバコを一本だけ吸わせて」と運転手さん。数メートル先ではタクシー一時間待ちなのに、それを諦めた私の前にタクシーが来るなんて。私は久しぶりに思った、「神はいる！」と。そしてタクシーに乗って老人ホームに到着、運転手さんに四十分後にもう一度来てもらう約束までできた。老人ホームに入ると、おじいちゃんは顔をくしゃくしゃにして喜んでくれた。なんでも昨年、七十年間連れ添った妻が亡くなって生きる気力がすっかりなくなってしまったこと、そしてその奥様がクリスチャンでずっと教会に通っていたことなどをおじいちゃんは話してくれた。

三十分が過ぎようとしていたので帰ろうとすると、おじいちゃんは「こんな見ず知らずの老人に会いに来てくれる牧師さんがいるなんて……。世の中捨てたもんじゃない、もう少し頑張って生きようと思うよ」と言ってくれた。こちらこそ襟を正される思いだった。見ず知らずの牧師に連絡をくれ、自らの一番の孤独を打ち明けてくれるなんて、牧師冥利に尽きる！　と感激しつつも、ほんの一時間前にはここに来ることを諦めてセブンイレブンでアイスコーヒーを飲んでた自分が少し恥ずかしかった。

私はこれまで、九十九匹を野原に残して迷い出た一匹の羊を探しにいく聖書の物語が好きではなかった。牧師だからといって、そのようなヒーローのような生き方を人に期待されても、そんなこと実際できるはずはない。百人の人々が日曜日教会にやって来れば、その中にホームレスの人、精神を病んでいてどう接して良いかわからない状態の人が必ずいる。私は何度も見て見ぬふりをしてきた。「難民申請中、助けてくれ！」「今晩泊まる場所がない！」毎日そのような人々がやって来るうちに、私は次第にそのような一匹の小羊を見なかったふりをすることに慣れてしまった。牧師として腐っていた。自分はもう一度牧師になった当初のような気持ちを取り戻せるだろうか……。そんな事を考えていると、まだ勢いが衰えない暴風雨の中、タクシーが約束通り私を迎えに来てくれた。

そして私は思った。迷った羊を命がけで探しに行けなくなってしまっていた私。迷っていた羊は私だったのだと。台風の日にまたしても一人の老人を見捨てようとした私を、イエスが探しに来てくれたのだと感じた「腐ってんじゃねえよ。もう一度行くぞ！」と。

私はタクシーに再び乗り込んで駅に戻り、東京の専門学校へと急いだ。

卒業式が始まり、私は福祉や介護職などにつく若者たちに、「何度失敗してもかまわない、目の前の弱き人々に手を差し伸べることが社会を変える道だ！」と熱く語った。一連のドタバタでヘトヘトに疲れ果てているはずなのに、私のメッセージはキレッキレの絶好調。当たり前だ、だってこの日の私には神の子イエスがついていたからだ。

卒業式が終わる頃、台風は過ぎ去っていた。台風一過の蒸し暑さの中、私は帰りにセブンイレブンに寄って家路についた。買ったのはもちろんセブンカフェの百円アイスコーヒー。家に戻ると、今日会ったおじいちゃんから再び電話がかかってきた。「牧師さん、本当に今日はありがとう。私が死ぬ時、イエスさんは迎えにきてくれるかね？」と聞かれ、「も、もちろんです」と少し戸惑いながら答えた。「そしたらさ、牧師さん、私の葬式してくれるかね？　私もキリストさんに妻と同じ天国に連れて行ってほしいんだ。私も妻と同じ所に行きたい」とおじいちゃん。

そうだ、長くいろいろな事を経験して、最後に奥さんを亡くし悲しみの時を過ごしているおじいちゃんも、人を救いたいという思い、その初心を忘れたこの牧師も、あなたも誰も彼もがこの世界という荒野で迷える小羊なのだ。こんな世界で、迷わない方がおかしい。堂々と真っ直ぐに迷っていいのだ。「わかりました。また会いに行きますね」と私は電話を切った。今晩はやけにアイスコーヒーがうまい。

**ルカによる福音書15章4―7節**
「あなたがたの中に、百匹の羊を持っている人がいて、その一匹を見失ったとすれば、九十九匹を野原に残して、見失った一匹を見つけ出すまで捜し回らないだろうか。そして、見つけたら、喜んでその羊を担いで、家に帰り、友達や近所の人々を呼び集めて、『見失った羊を見つけたので、一緒に喜んでください』と言うであろう。言っておくが、このように、悔い改める一人の罪人については、悔い改める必要のない九十九人の正しい人についてよりも大きな喜びが天にある。」

## 第六話　本当の罪人は本物の聖者

歌舞伎町の裏、アジアのヘソと呼ばれる新大久保の教会で牧師をしていた頃、場所柄からか本当にありとあらゆる人々が教会にやって来た。ホームレスから社長、大使館職員から難民申請者、スポーツ選手、芸能人、凶悪犯罪者、政治家もやって来た。そして赤ちゃんからお年寄りまで、おそらく来ていないジャンルの人間はいなかったと思う。

二〇〇二年にノーベル物理学者を受賞した小柴昌俊博士はここの教会付属幼稚園の卒園生、そして四回の違法薬物所持で現在服役中（二〇二一年現在）である元ラッツ＆スターのマーシーこと田代まさしさんもそうだ。

以前、小柴博士に教会に来てもらい講演会を行ったことがある。教会幼稚園の思い出から始まり、自身の専門でノーベル賞を受賞したニュートリノについての講演だったが、凡人の私の頭脳ではなかなか理解できなかった。

一方の田代まさし、マーシーとはすぐに意気投合できた。服役を終えていたマーシーはダルクという薬物依存の自助団体のスタッフとして教会にやって来て、私と対談イヴェントを行うことになっていた。数十年ぶりにこの教会に戻ってきたマーシーに「お帰りなさい！」と言葉をかけると、「刑務所出たのはもう数年前なんですよ！」と一発目からギャグで返してくるあたりはさすがエンターテイナーだと感じさせられた。しかもマーシーは、私を見るや否や「牧師さんはなんか俺と同じ匂いがする」と言った。複雑な気持ちになったが、ちょっと嬉しかった。

そしてマーシーの講演が始まった。日本のコメディー界の頂点を極め、紅白歌合戦にも出たマーシー。薬物使用によって逮捕された時、メディアは頂点からの転落劇としておもしろおかしく伝えたが、実際の本人は繊細で純粋な人なのだと感じた。

長きにわたって人々を魅了し続けたマーシーは、自身の逮捕を自虐ネタにして聴衆の笑いを取りながら、それでも薬物依存のメカニズムと人間の弱さについて力説していた。自分が二度も覗きで逮捕されたことに関しては、「俺が小さい頃住んでいたここ大久保の木造アパートには夜のお姉さんがたくさんいた。エアコンなんかない時代だから、皆夕方になると窓を開けて仕事着に着替えだす。俺は子供の時からそれを覗いていたんだ。覗きは俺にとって文化なので、今さらやめろと言われても無理なんです！」マーシーにしか言えないギリギリアウトなトークに会場は激しく失笑。

また彼は、日本で知らない人がいないくらい有名になったが故のプレッシャーと孤独についても語ってくれた。

「テレビで放送される自分と現実の自分とのギャップが次第に苦しくて苦しくて堪らなくなってきた。海で溺れそうになりながら泳いでいる感じ。海の上にはいくつか浮き輪が浮いていて、そこまで何とかもがきながら泳ぎつく。でも海に浮いている浮き輪は全部ドラッグなんだ。もし、孤独の海にドラッグの売人以外の人が浮き輪を浮かべて話を聞いてくれていたら、少しは現実も変わったかもしれない」

マーシーが語る本当の孤独に、誰もが他人事ではなく自分もそんな脆さとリスクの中にあることを感じているようだった。

幸せな話や成功談を話しているわけではないのに、目の前には天国が広がっているようだった。同じく薬物依存と戦う人々、その家族、サポート団体、大学生など、普段教会に来ないような人々だが、それぞれの弱さがそこでは共鳴していたのだ。

有識者や著名な宗教者の講演会は、どうしてもハイソな雰囲気になるし、聴衆はアカデミックな人々に偏りがちになる。でもマーシーの会は違った。どうにもできない自分の弱さを自覚しながら、それでも向き合おうとしている人々が集まっていた。私はこれこそが本当の教会の姿ではないかと強く思った。

二千年ほど前にはドラッグ問題こそなかったが、イエスの周りにはありとあらゆる孤独な罪人が集まっていた。娼婦、金の取り立て屋、そして様々な前科者たち。宗教の戒律、社会のルールからはみ出した彼ら彼女たちは、汚れた人間としてゴミのように扱われていた。だが、イエスはそのような人々が大好きだった。彼ら彼女たちが社会の裏、自分の闇、きれい事でない本当の現実を生きていたからだろう。

一方でイエスは政治家や宗教者を毛嫌いし、いつも喧嘩腰で論争をしていた。宗教と戒律に守られた安全圏の中でぬくぬくと生きて、衆生を見下すのみならず彼ら彼女たちの生き方の良し悪しをジャッジしていた連中を、イエスはとことん軽蔑していたのだ。

アンタッチャブル、陰に生きそこで輝く人と出会わないと、本当の神の姿など見えない。イエスが徹底的に罪人たちと時間を共にした理由はここにある。聖書の中には「交流」「共有」を表すコイノニアという言葉がある。教会の中で信者たちの交流会やグループによくコイノニアという名前が付けられる。だが、コイノニアにはもう一つ「共犯者たち」という意味もある。そして私には、こっちの意味の方がしっくりくるのだ。

クリスチャン同士、同じ規則や文化に収まっている者同士のグループは統制が取りやすい反面、そこから外れるものを攻撃し排除する居心地の悪い偽善的コミュニティーに一瞬で陥ってしまう危険が常にある。

マーシーが二度目に覗きで捕まった時のエピソードは、衝撃的かつ破壊的で、そして温かった。この時マーシーは、既にダルクで世話になっていた。自助会に参加し必死に社会復帰を目指していたが、魔が差して覗きを行い逮捕された。

自分を信じてくれていたダルクのリーダーがどれほど失望するかと思うと心が苦しかった。だがリーダーに「すみません、またやってしまい、逮捕されました」と告白すると、なんとリーダーは「おめでとう！」と答えたのだった。愛ある共犯者は優しい。人間は死ぬまで過ちを繰り返すということを知っている。それでも見捨てず生きていく愛がそこにはある。マーシーはこの「おめでとう！」に魂を打たれ、諦めずに生きていこうと思ったと言う。

「よく『もう更生できたのですか？』と聞かれるが、更生など一生できないのかもしれない。でも今日一日は薬をやっていません。そして明日もがんばりますとしか言えません」と最後にみんなに語ってくれたマーシーは、頂点もどん底も経験し、人々から蔑まれ、好奇の目で見られ、それでも目の前の人々から笑いを取る聖者だった。

イエスの時代も、またこの現代も、間違った者を皆で叩き、社会の規範から外れた者を吊し上げる。本当は誰しもが弱い罪人なのに、それを隠すために必死に他者の間違い探しに精を出す。そんなケチくさくて寂しい生き方ではなく、道を外れてしまった者、器用に生きられない者に、「そうか！　俺もだよ〜」と笑顔で互いに包み込み合える世界、コイノニアが、現代にこそ必要なのではないか。少なくともこの日、教会に集まっていた人々は本物のコイノニア、同じ危うさと愛を分かち合う、共犯者たちだった。

会の最後にマーシーは、教会の礼拝で献金カゴ（賽銭を集めるような道具）を勝手に持って聴衆一人ひとりに頭を下げてカンパを募っていた。ちゃっかりしてるな、きっと自分が所属するダルクの資金集めだろうと思って見ていると、お金を集め終えたマーシーが私のところに最後にやって来て集めたすべてのお金を手渡してきた。

「牧師さん、今日はありがとう！　こんな俺が帰って来られる教会に救われたよ。俺みたいなやつ一杯いるからさ、手を差し伸べてやってよ！」

---

**マルコによる福音書2章16—17節**

ファリサイ派の律法学者は、イエスが罪人や徴税人と一緒に食事をされるのを見て、弟子たちに、「どうして彼は徴税人や罪人と一緒に食事をするのか」と言った。イエスはこれを聞いて言われた。「医者を必要とするのは、丈夫な人ではなく病人である。わたしが来たのは、正しい人を招くためではなく、罪人を招くためである」

# 悲しみの章

# 第七話 お葬式はウェディングマーチで

キリスト教圏のいくつかの国では十一月の初めに「死者の日」を祝い、地上を去った人々を記念する。それは一言で言えばキリスト教のお盆のようなものだ。ちなみに、日本の多くのキリスト教会でも、十一月最初の日曜日に死者を記念する礼拝を行う。教会に亡くなった関係者の写真を飾り追悼するのだが、私はこの日をただ家族や先祖を思い出す日ではなく、「あなたも死ぬ、私も死ぬ、もしかしたらそれが今日かもしれない」と、リアルな話を目の前にいる人々に伝える日にしている。

だがある年、私はこの死者の日に行われた子供のための礼拝で、十歳の男の子に逆に一発かまされることになった。「みんな、ここにね、この教会の関係者で、もう死んでしまった人たちの写真があるよね。そしてね、誰もがいつかは死ななくてはいけないんだ。ここに、もう死んでしまったみんなのおじいちゃん、おばあちゃんの写真があるよね。でもね、いつかはみんなも死んでしまって写真になって教会に飾られるんだよ」子供に向けては少々ショッキングな話ではあったが、宗教者としてかなり踏み込んで語った。すると、子供の一人が「牧師！　その前にお前も死ぬんだ！」と叫んだ。

　十歳の男の子から繰り出された魂のカウンターパンチに、私は心が動揺した。さっきまで偉そうに死について説明していたのに、いざ逆に「牧師！　お前も死ぬんだ！」と言われて、それを打ち消したい気持ちが沸き上がってきたのだった。私は人様に死について説いておきながら、自分が自らの死に対してまったく向き合うことをせず、かつ先延ばしにしていたのだ。「私はまだ長く生きるはず」「死については理解しているけれども、私はまだ若いからかなり先のこと」

　頭では理解していても、死の準備などできない、そんな覚悟を持って毎日を送ってはいない。牧師として何度も何度も人の死に立ち会うのに、自分の死というものを人生のどこか遠くに置いて見ないようにし、穢れ、怖れとして、どこかにしまい込でいる。そして、誰かが亡くなった時には宗教者面をして、宗教が紡ぎ出した天国を人に説くのだから偽善もいいところだ。だが、こんなちっぽけな聖職者に神は思いもよらない方法で命と死を教えてくれる。

　数年前の事、私の教会に通ってくれていた六十代のミユキさん（仮名）が、壮絶でドラマティックな人生の最後を私に見せつけた。末期ガンだった彼女は、はっきりと言った「関野牧師、私のお葬式を教会でお願いね！　親戚や教会員、余計な人は一切呼ばないで。私の旦那、息子と娘だけでいい。しみったれた雰囲気になんかしないでね。出棺の時はパイプオルガンでウェディングマーチを弾いて。そして主人にはタキシードを着てもらって、私の棺の横に居てもらって。最高にカッコイイ式にしてね！」

私が戸惑いつつ「わかりました。必ずそうします」と答えると、ミユキさんは痩せこけた顔で微笑みながら私に封筒を渡し、「これで美味しいものでも食べて。そしてお見舞いはもう来ないでね！」と言った。

何もかもが伝わってきた。抗ガン剤治療は受けずに、親戚であっても義理なら会わない。苦しんでいる最期の姿は他人には見せたくない。そして、愛する家族の愛の中に最後までいたい。昨今流行っているシンプルな直葬ではなく、最期は徹底して自分の命と家族との時間を大切にしたい、必要なものだけを求めるミユキさんの最高の選択だった。

とは言うものの、やはり葬式の最後に行う出棺の際に「タンタカターンッ」のウェディングマーチで見送るなんてした事がなく心に引っかかっていた。

数週間後、彼女は息を引き取り棺に入って教会に戻ってきた。三人の家族、オルガニスト、そして私とでミユキさんの葬式を執り行った。ご主人は妻との約束通り、しっかりと結婚式用のタキシードを着込んでいた。

いよいよ出棺の時がやって来たが、私の心臓は不安で高鳴った。その時、ご主人はスッと立ち上がって愛する妻の手を握るように棺桶に手を置いた。そして二人の子供たちは、カバンから花嫁用の白の大きなレース布を取り出してフワッと棺にかけた。その瞬間だった。黒くて重く冷たい死の扉がスーッと開いて、激しい命の光が差し込んできた。気がつくと、私はミユキさんの棺の上のご主人の手の上に自分の手を重ね、結婚式で祈る祝福の言葉を大声で叫んだ
「今、この二人は神の前で夫婦の約束を交わしました。死が互いを分かつ時こそ、永遠の愛で結ばれる。今、私はこの二人が夫婦である事を宣言します！　花嫁、花婿が退場します。皆さん拍手を！」タンタカタターンッ！　ウェディングマーチが奏でられ、二人は礼拝堂の花道を退場していった。
　私は心の中で絶叫した「ミユキさん、かっこいいよ！　最高じゃねえかっ！」
　命を締め括る本物の葬式であり、愛の絆が完成する真実の結婚式だった。これまでの葬式には余計なものが多過ぎた。義理で多くの人がやって来ては香典を差し出し、ミニタオルや海苔を香典返しで返す慣習。葬儀の最後の長い弔辞、献花、通夜、告別式と、二日に渡って執り行われる同じような儀式。それらがまったく無意味だとは言わないが、葬式がその人の命の最後の尊い時間だと考えると、あまりにも余計なものが多過ぎる。人生の最後の時間なのだ。決められた儀式ではなく、本当にその人らしい時間が必要なはずである。葬式だけでなく、私たちの毎日は余計な人間の声、インターネットの余計な情報、数々の余計な習慣などによって命や死が見えなくなっている。そして見えない死を不吉なもの、穢れたもの、悪しきものとして視界の外に追いやっている。

聖書の初めのアダムとイヴの物語、二人が「神に絶対に食べるな。食べたら死んでしまうから」と言われたにも関わらず、手を伸ばして善悪の知識の実を食べてしまった時から人は死に支配される存在となった。誰もが知っているアダムとイヴ、そして禁断の果実の物語。だが、ここで多くの人々が見落としている重大な事がある。エデンの園の中央に生えていたのは禁断の果実の木だけではない。世界的に有名な絵画を見ても、そのほとんどの作品では、禁断の果実の木に悪魔の使いの蛇が巻きつきアダムとイヴを誘惑している情景が描かれている。だが、聖書をよく読むとこの禁断の果実の木の横には命の木も植えられていた。

つまり、神は人間に「死」だけではなくて「命」をも与えようとしていたのだ。現に神は絶対的な約束を破ったアダムとイヴを殺さず生かした。人は「死」が定められた存在、でもその中で神は「死」に勝る「命」を与えようとしているのではないか。それと同時に「死」を見つめなければ「命」は見えてこない。そして、この「死」を怖いだけのものという通念から人を解放し、「命」と「死」にまつわる真理を伝えるのが宗教者の役割なのだと私は思うのだ。

この世界は不平等で理不尽だ。けれども神がすべての人間に平等に与えているものの一つが死だ。同じく平等に与えられている光、水、空気が素晴らしいものなのだから、死だって本来は素晴らしいもの、少なくともそこには温もりと希望があるはずである。

## 創世記2章7—9節

主なる神は、土（アダマ）の塵で人（アダム）を形づくり、その鼻に命の息を吹き入れられた。人はこうして生きる者となった。主なる神は、東の方のエデンに園を設け、自ら形づくった人をそこに置かれた。主なる神は、見るからに好ましく、食べるに良いものをもたらすあらゆる木を地に生えいでさせ、また園の中央には、命の木と善悪の知識の木を生えいでさせられた。

# 第八話　ススキノ路面電車貸切りライブ

いきなりではあるが、今の私はキリスト教会がなければ絶対に存在しなかった。小学生の時から毎週日曜日に教会に通い、人生を変えるたくさんの出会いがあった。私が牧師として生きていく道をつくってくれたのも教会だ。罪人が罪人のままでやって来て、そして赦される……。教会は、この荒みきった世界に建てられた小さな天国だと今でも私は信じている。

だが、その教会は日本一入りにくい場所でもあるのだ。私の先輩の言葉だが、世間の人からすればオウム真理教のサティアンもキリスト教会も入りにくさ、怪しさといった点では何も変わらない。そればかりか、キリスト教会には古株の主のような者が何人かいて、その者の意に添わない者はいられない場所なのだ。当然のことながら、そのような閉鎖的なキリスト教会は人も資金も年々激減し、二〇三〇年には現在ある教会の半数は立ち行かなくなるとさえ言われている。

だが、私を育ててくれた教会がそのような場所であっていいはずがない。たとえ教会という建物がなくなっていったとしても、私を救ってくれた聖書の言葉だけは絶対に人々に届けたい。だったら、人を教会で待つのじゃなくて、こちらから人々の中に分け入っていこう、私はそう決めたのだった。そして、その活動を「No Church, God Bless Japan Tour」と称し、とにかく教会の外に出て日本各地での講演やライブをスタートした。

すると、すぐに牧師やクリスチャンたちから反発が起きた。曰く、「No Church」というネーミングが良くない、そんな打ち上げ花火みたいなイベントをしても結局は教会の成長に繋がらない等々。もう慣れっこだ。そんな時、私はできる限りの笑顔になって、「ごめんなさーい！」「何かもっといいアイディアあったら教えてください」と謙虚なフリをする。大体この手のタイプは、ただマウントをとって何か言いたいだけ、気に食わないだけで反対し、自分は何もしない。

とはいえ、ススキノ路面電車貸切りライブをやると決めてから、正直なところ私はずっと不安だった。結局、自分を邪魔してるのは人の声ではなく自分なのだ。自分に自信がないのだ。「こんなことやってどうなるだろうか、大失敗するんじゃないか、所詮自己満足でしかないんじゃないか、北海道で私のライブにどれだけの人がわざわざ金を払って路面電車に乗ってくれるだろうか」と、あれこれ悩む。自分さえ信じられないのだから、神など信じられるはずがない。ロック牧師だなんだと呼ばれてはいるが、私のメンタル、信仰なんて所詮こんなものだ。

だが、いよいよススキノ路面電車貸切りライブの日がやってきた。私は、スーツケースに聖職者ガウン、マイク、スピーカーなどを入れ、肩にエレキベースを背負い、朝イチの札幌行きの飛行機に乗って、雪が舞うススキノの路面電車乗り場にたどり着いた。

路面電車にキリストの全身と「God Bless」のロゴがプリントされた高さ二メートルの旗を掲げると、「ママあれな〜に?」と道ゆく子どもがお母さんに聞く。すると「見ちゃいけませんっ!」と母親が子どもをたしなめている。怪しいカルトの集会にしか見えなかったのだろう。これが私が戦うべき現実なのだ。

だが、覚悟を決めて電車に乗り込むと、何と目の前には満席となる四十人の乗客が私を待っていてくれた。その中に一人、東京からわざわざ来てくれた知り合いの牧師の姿が見えた。私は、彼女がなぜここまで来てくれたかすぐにわかった。彼女はその時、ステージ4のガンを告知されていた。「後どれだけ元気で過ごせるかわからない。身体の自由がきくうちに、行きたいところへ行きたい、見たいものを見たい」彼女は言葉にはしなかったがそう言っているような気がした。

彼女が私に使ってくれた一時間、移動を含めて二日間は、ただの二日間ではない。健康体で自分の死など考えない人々にとって、二日間など何でもない時間かもしれない。だが、たとえば余命半年の命しかなければ、その二日間は一八〇分の二でしかない。砂時計のように徐々に減っていく命、この上なく尊い時間なのだ。二日あったら大切な家族とどれだけ話せるだろうか。二日あったら大切な親友にも会える。彼女は命が凝縮された二日間を、私の周りのクリスチャンがバカにしたこのススキノ路面電車貸切りライブの一時間のために使ってくれたのである。

聖書の中に、夫を亡くして一人で細々と貧しく生きている女性の物語がある。今でこそシングルマザーは珍しくないが、二千年前の社会状況の中では、もはや生きる力そのものを失ったのと同じであった。ある時、イエスの目の前で多くの人々が神殿の賽銭箱に賽銭を入れていた。当時の賽銭箱は金属でできていて、お金を入れる度に大きな音がなる。金持ちたちがやって来て神に捧げものをする、ガラガラガラッと音を立てたくさんの硬貨を入れる。その量と大きな音に周りの人々は、「おおっ、あの人凄いな！　金持ちなんだな」と注目する。建前は神様への捧げ物だが、実際は「こんなにお金を持っていてそれを施している私は凄いだろ！　私を見てくれ！」といった自己顕示である。

そんな最中、一人の女性がやってくる。貧しいその身なり、同情的な目で見る者もいれば、蔑んで彼女を見た者もいた。彼女は自分の物入れから銅貨二枚、彼女が持っていたすべてを賽銭箱に入れた。カラッ、カランッと小さな乾いた音が鳴る。その銅貨二枚は彼女の一日分の収入、約二百円ほどだった。一日中、縫い仕事をしたのか、畑仕事をしたのか、とにかく彼女が一日働いた金のすべてだった。パンと魚を買って腹を満たすための金だったかもしれない。とにかく、明日一日を生き延びるために必要なその少額の金さえも彼女は賽銭箱に入れたのだ。その姿を見て周りは哀れに思ったかもしれないし、何より彼女自身が一番みじめだったかもしれない。「神よ、苦しいです。なぜ私から主人を奪ったのですか。周りの人は幸せそうなのに、なぜ私の人生はこんなに苦しいのですか。こんな私を救ってください！」と祈ったのかもしれない。

だが、イエスは言った。「他の金持ちたちは余った金の中から賽銭を入れたが、この女は誰よりも金を多く入れた。金額は少なくても彼女は生活費のすべてを入れたからだ！」これがイエスの図りだ。周りは彼女を蔑んだかもしれない、彼女人身、自分をみじめだと思ったかもしれない。けれどもイエスは、彼女の精一杯、ありったけの生き方を豊かだと言ったのだ。

私たち、特に日本人は人目ばかりを気にして生きている。と言うよりも、世間体という牢屋の中に自分を押し込めて窒息しながら生きている。そして、私たちは自分の命を過小評価して生きている。「自分なんて、私なんて……」と。苦しい経済状況、病気、人間関係の破綻、様々なコンプレックスは、毎日私たちの存在を苦しめる。けれどもその中で、他人の目など気にせず、神に向かって「私にはこれしかないんです、これっぽっちしか……」と言いながら、自分の時間、能力、金を差し出す生き方を神は何よりも豊かだと言うのだ。

主治医の反対を押し切って雪が舞うススキノの電車に乗り込んできてくれた彼女は、今あるありったけを、生きる姿を、命がけで見せてくれた。私も覚悟が決まった。成功するか失敗するか、人が自分を批判するかなんて二の次だ。この一時間に命を燃やそう。

そうして、ススキノ路面電車貸切りライブが始まった。四十人の乗客を乗せて走り出した車内で私は吠えた。「良くきたな、迷える小羊どもよ！　この電車の行き先はな、天国なんかじゃねえ。地獄経由のパラダイス行きだ。揺れるけど最後までついて来いよ！」その叫びに合わせてポッポーッと運転手が汽笛を鳴らした。

ライブは無事に終わった。一時間かけてススキノを回り、たどり着いたのはどこだったかわからない。けれども彼女は札幌のスープカレーを食べて東京に帰って行った。そして、そして彼女は今も元気で過ごしている。ありがとう！

---

**マルコによる福音書12章41―44節**

イエスは賽銭箱の向かいに座って、群衆がそれに金を入れる様子を見ておられた。大勢の金持ちがたくさん入れていた。ところが、一人の貧しいやもめが来て、レプトン銅貨二枚、すなわち一クァドランスを入れた。イエスは、弟子たちを呼び寄せて言われた。「はっきり言っておく。この貧しいやもめは、賽銭箱に入れている人の中で、だれよりもたくさん入れた。皆は有り余る中から入れたが、この人は、乏しい中から自分の持っている物をすべて、生活費を全部入れたからである。」

# 第九話　十字架を語るな、黙って背負え！

私の教会の掲示板には、日曜日に私が語る聖書メッセージのタイトルが墨字で貼り出される。一日に数万人が通る大通りに向かって、私は挑発的なタイトルを付ける。ある時は「愛よりも金だろ！」というタイトルを掲げた。すると新大久保のオジサンがワンカップ飲みながら「まあな、現実だよね……」とぶつぶつ呟いていた。またある時のタイトルは「明日なんてどうでもいい。昨日なんてもっとどうでもいい」とした。するとそれを読んだヒッピー風の男が勢いよく教会に入ってきて、「そうなんだよ、牧師さん。最高だぜ！」と言ってくれた。

で、今日のタイトルは「十字架を語るな、黙って背負え！」だ。だが、さっそく教会の信者のおじいさんに「もうワシは十分背負ってきたよ。黙って背負えはちょっと乱暴なんじゃないか」と怒られた。このおじいちゃんは、第二次世界大戦で戦地に行った人生の先輩だ。こんな人にそう言われると、自分が間違っている気がしてしまう。が、私はそれを止めることはできない、絶対に。

なぜかといえば、イエスの言葉こそ挑発的であり、時に超攻撃的でもあるからだ。イエスは、権威にしがみつき庶民を支配していた政治家や宗教者などの矛盾や限界を、喧嘩腰で暴いていった。そして彼らが相手にしない罪人と行動を共にし、不治の病の人々を癒し、死者さえ蘇らせた。このロックスターのようなイエスに人々は熱狂し、「あの人と一緒に行きたい！　あの人がつくる新しい王国に入りたい！　弟子になりたい！」とついて行こうとした。きっと何百人、何千人、という人数だっただろう。皆イエスについて行けば自分の人生が劇的に良くなると期待をしたに違いない。

けれども、そんな人々を追い払うかのような鋭い言葉をイエスは浴びせた。

「誰でも、私についてきたいと思う者は、自分の父親、母親を、家族を憎まないならば、私についてきてはならない」

つまり、「家族などは捨てて来い！　中途半端に生きてる奴は俺について来るな！」と言ったのだ。

中には家族がいなかったり、既に家族のしがらみがなく「いやもう家族のことなんていい、あなたとだったら行きます」と言う者もいただろう。だが、そのような者達をもイエスは突き放す。「自分の人生さえも憎まなければ、私にはついて来れんのだ」そして、「誰でも、私について来たい者は、十字架を背負ってついてくるのだ」と言った。

つまり、「俺についてきたら全部失うぞ、殺されるぞ！　それを覚悟できる奴だけがついて来い！」と言ったのだ。これがイエスの言葉なのだ。その言葉も生き方も、鋭すぎるカミソリのように触れるだけでこちらが切られてしまう。

この命がけのイエスが最後に磔にされた十字架を、人々はアクセサリーなどファッションにしている。カッコよければいいのかもしれない。だが、それは神の子が命を奪われるまで権力者に反抗し続け、そして彼らに殺されるリスクを背負い、弱者を愛し続けたカッコよさなのだ。さらに言うなら、クリスチャンこそイエスを誤解している。「イエス様はいつも笑って、優しさ溢れる愛の人だった」本来のクリスチャンとは、この孤高のイエスについて行く者である。だが、誰も家族や自分の人生あるいは命を捨てて、それでもイエスにならついて行く、そんな覚悟を持ち合わせてなどいない。

ただ、ひとつだけ確かなことがある、それは、人は誰しも下ろすことのできない人生の十字架を既に背負っているということだ。自分では絶対に下ろすことのできない十字架を背負った瞬間、人の魂はこの世界でいちばん宗教的になっていく。そんな姿をサチさん（仮名）という六十代の女性が死を通して私に見せてくれた。

サチさんはクリスチャンではなかったが、小児麻痺の息子ケン君（仮名）を連れて時々教会にやって来ていた。ケン君は、食事から入浴まで全介助が必要だった。サチさんは、毎日のように車を運転してケン君を病院や養護学校へ連れていき、ケン君の足となり手となって彼の生活のすべてを支えていた。サチさんが細い体で自分より大きな体のケン君を抱き起そうとすると、周りの人たちが気を使って「手伝います！」と言うが、「かえって大変になるので結構です」と誰にも甘えずにケン君を支えていた。

けれども思わぬことが起きたのだ。サチさんは末期のガンで余命三ヶ月と宣告されたのだ。サチさんは普段口には決してしなかったが、「絶対にケン君より先に死ねない、ケン君を見送ってからでないと自分は死ねないのだ」という十字架を黙って背負い続けていた。そして、ケン君より先に死ねないというサチさんの命がけの願いを神は聞いてくれなかった。私はサチさんがどれだけ失望しているだろうかと案じたが、彼女はそれでも気丈にふるまい弱音を吐くことはなかった。

残された三ヶ月、まだ自分で動けるうちにサチさんは福祉施設を全部回って、自分が立ち上がれなくなった後も、自分が運転できなくなった後も、そして自分がいなくなった後でもケン君が生きていけるようにと、すべてのサポート体制を整えた。二ヶ月目、サチさんはケン君と家族と最後の旅行に出かけた。そして最後の一ヶ月、やはりドクターの診断通りとなった。サチさんは立ち上がれなくなり、運転さえできなくなった。四十年近く続けたケン君の介助がまったくできなくなってしまったのだ。

教会にサチさんから手紙が届いた。手紙には「関野牧師さん、いよいよ時が来ました。昨日、私は人生で最後の外出をしました。免許証センターに行って車の免許更新をしてきました。これであと五年は運転できます。私の地上での外出はこれで終わりました。後はよろしくお願いします。ケンが笑顔でいられるように助けてくださいね」と書かれていた。

もう何も説明する必要はないだろう。サチさんは私に、自分の十字架を背負いながら生き続け、そこに命を注ぎ尽くすことを教えてくれた。何度その十字架を肩から下ろしたいと願っただろうか、何度となく自分の願いや計画を奪われてきたのだろうか、それでもサチさんは、ケン君を最後の一秒まで支え続けた。

イエスの人生も初めから死ぬことを定められていた。一人ひとりとの出会いが最初で最後であり、毎分毎秒が最後でもあった。だからこそ、形骸化した権力を破壊しにかかり、その一方で弱者に対しては命がけの愛を注いだのだ。

イエスは自分について来たいと思う者を、「中途半端な奴は来るんじゃねえ！」と追い払ったのではない。実はイエスが言った「家族や自分の人生を憎まなければ私について来てはならない」という言葉は「イエスよりも家族や自分を愛してはならない」という聖書の言葉なのだ。聖書もイエスの言葉もとてもわかりにくい。だが、つまるところそれは、イエスからの告白でもある。「俺が命がけでお前たちを愛しているんだから、自分の人生も家族のことも、金も何も心配するな。俺が命がけで守るんだから絶対に心配するな！　ついて来い！」とイエスは言いたかったのではないか。

誰もが今日、それぞれの十字架を背負って生きている。ある日突然背負わされた十字架、難病、精神の病、自殺願望、壊れた家庭、ＤＶ、薬物依存、誰にも言えない性癖、失恋、挫折……。多かれ少なかれ、誰もが下ろすことを許されない十字架を背負い続けている。そしてその重みと痛みは人と比べるものではなく、その苦しみはあなたにしかわからない。だけど、イエスはあなたに愛を告白する。「誰もお前のその苦しみや痛みをわからなくても俺はわかっている。十字架を背負う俺はお前の重荷を一緒に背負うから、だから安心してついて来い！」と。クソッ、十字架なんて背負いたくはない。でも、こんなにも命がけで愛されているのであれば、ゴタゴタ言わずに黙ってこの十字架を背負おうか。

**ルカによる福音書14章25―27節**

大勢の群衆が一緒について来たが、イエスは振り向いて言われた。「もし、だれかがわたしのもとに来るとしても、父、母、妻、子供、兄弟、姉妹を、更に自分の命であろうとも、これを憎まないなら、わたしの弟子ではありえない。自分の十字架を背負ってついて来る者でなければ、だれであれ、わたしの弟子ではありえない。」

# 第十話　最強の無力さ

二〇二一年七月、チャプレンの資格を得るため、私はアメリカのミネアポリスに渡った。病院で亡くなっていく人々、そしてその家族に寄り添う牧師になりたいとずっと願っていたからだ。アメリカでは、多くの病院にチャプレンという病院付き聖職者が常駐している。私が勤務していた大病院では、カトリック、プロテスタント、イスラム教の聖職者で構成される十五名のチャプレンチームが、二十四時間体制でいつでも患者の元に駆けつけられるようになっていた。また、常駐チャプレンの他に仏教僧侶、ユダヤ教のラビ、ネイティブアメリカン、モルモン教、エホバの証人等々、ありとあらゆる宗教の指導者がバックアップスタッフとして待機していて、患者さんの臨終などに立ち会えるシステムが整えられている。

国民皆保険制度がないアメリカでは、適切な医療を受けられない貧困層が多い。一日の入院でも何十万円、集中治療室だと一泊百万円もかかる。アメリカ国民が破産する最大の原因は、こうした高額の医療費だとも言われている。その一方、入院患者は誰でも魂のケアをチャプレンから無料で受けられる。

チャプレンは人工呼吸器を止める場面に立ち合って祈り、死を看取る。死産の赤子に洗礼を授け、悲しみの中で祈る。ドラッグのオーバードーズによって息を引き取る息子の傍で泣き叫ぶ母親の横に立つ。銃で撃たれた患者やインスタライブで自殺中継未遂をして運ばれてくる子どもたちのケアも任される。

アメリカの病院は病気やケガの治療を行うだけの場所ではなく、魂のケアを行う場所でもあるのだ。日本の病院では、残念ながらチャプレンがいる病院は全国に数えるほどしかない。その代わり、臨床心理士など心のケアを行うスタッフがいる。だが、緊急事態、夜中の看取りなどに十分対応できているとは言えない。

先日、私の友人が結核に罹患し二ヶ月の隔離入院をしなくてはならなかった。外に一歩も出られないし、面会謝絶、仕事も休職を余儀なくされ、彼の精神は相当追い詰められていた。その際、彼が看護師に「かなり精神的に不安なのですがカウンセリングを受けられますか?」と聞くと、二、三日後であれば臨床心理士と面談ができるとのこと、しかも面談時間は一回三十分ほどだと言われたそうだ。

日本は医療制度へのアクセスは世界有数だが、魂へのアクセスはこの上なく遅れている。この問題、日本人は宗教を持たない国民だからと言って片付けられる問題ではないし、他人事ではない。もっとダイレクトに言えば「あなたの人生の最期、死ぬ瞬間、誰かあなたの手を握ってくれるか？　誰があなたの最期を看取ってくれるか？」という問題でもある。

核家族化が進み、病院の内外で孤独死も増えてくる。医療従事者の人材不足とそれを補うAI化。もしかすると、あなたは最期、自宅でロボットによってチューブに繋がれ、鎮静剤を投与され、バーチャルリアリティのゴーグルでお花畑を見せられ、恐怖心を和らげられながら独りで死んでいくかもしれない。その方が誰にも迷惑がかからず死ねて良いという考え方もあるかもしれないが、人生の実相は誰しも他者に迷惑をかけられ、迷惑をかけて生きてきたはずである。だから、最期も迷惑をかけてよい。

しかし、チャプレンをしている私も生身の人間。死の恐怖を和らげる能力があるかというと、そうではない。はっきり言えば、非常に無力だ。死にゆく患者さん、またその横で悲しむご家族をケアする事を、「看取り」「寄り添い」「スピリチュアルケア」などと呼ぶ。だが、実際にはただそこにいるだけで、何か特別なことができるわけではない。


ある時私は、急に起きた脳出血で死が迫っている若い男性の病室に呼ばれて行った。集中治療室に入ると、横で患者の妻と中学生くらいの娘さんが抱き合って、全身を震わせながら泣いていた。あまりにも急な出来事、つい先日まで一緒に買い物に行き、食事をしていた夫、父が死ぬなど起こるはずのない事だった。だが、もう施せる治療はなく、人工呼吸器を切るか否かの選択をその場で家族がしなくてはならなかった。選択と言っても、回復の見込みがないのだから、実際は人工呼吸器をいつ切るか、その場で決断しなければならないのだ。

だからこそ、そのような場面にチャプレンが呼ばれるのだ。愛する家族の死の承認など、簡単にできるはずがない。また、その承認を受けて生命維持装置を外すナースの心理的負担だって計り知れないほど大きい。そこにチャプレンが立ち合い見守ることによって、家族の選択は間違っていないこと、そして看護師は患者さんに余計な苦しみを与えないために生命維持装置を外すのだということが確認できる。

求められれば、そこで聖書を読んだり、最後の瞬間のために祈る。高齢であったり、長い闘病による死、一定の準備期間があった死の場合は、このような臨終の宗教儀式により最期の時が豊かな時間になっていく。聖職者が聖書を読み、家族の一人ひとりが患者の手を握って別れの言葉を伝え、天国に送る祈りと共に最後まで温かく見届けることができる。

だが、突然の事故や病で危篤に陥っているような場合、聖書を読んだり祈ったりという宗教的儀式がまったく役に立たないことが往々にしてある。急に愛する家族が奪われる時には、聖書など読むと「神がいるなら、なぜこんな事が起きるのだ！」と摑みかかられることだってある。どうしていいのか、実はチャプレンたちも正しい答やマニュアルを持っているわけではないのだ。

この日、私は大失敗をした。死を宣告された夫の横で、娘を抱きしめガタガタ震える妻に向かって何か言わなくてはと焦り「Are you ok ?（大丈夫ですか？）」と聞いた。すると妻は呆れて、「大丈夫なわけないでしょ！」と怒鳴り返してきた。確かにその通りだ。大丈夫なわけがない。「ご主人は天国に行きますから大丈夫です」「この出来事にもきっと意味があります」といったありきたりの宗教的言葉を避けたのはよかったが、結果は散々だった。自分は役立たずどころか、悲しみのどん底にいる家族を不快にさせてしまった。

「ああ、自分は失格だ……」がっくりと肩を落としてチャプレンオフィスに戻ると、ケンという先輩チャプレンが「どうした？」と心配してくれた。ケン自身も若い自分の妻を急死で失った経験がある。その時、「そうか……。俺も妻が死んだ時、友人が来て『君の悲しみがわかるよ』と言われて、『お前にわかるわけないだろ！』と思ったよ。でも、誰かに一緒にいてほしかった。言葉はいらないから、ただ誰かに横にいてほしかった」

ケンが教えてくれたことがすべてだった。

一緒に居続ける、何もしなくても、何も言葉はなくても居続ける。これはイエス・キリストそのものだ。聖書はイエスの名前をインマヌエル（神は共に居る）と語っている。つまり神が病を患い、傷つき血を流す肉体をまとってこの世界に降りてきて、私たちの生きる苦しみを感じ、自らも十字架にかけられて死んだのだ。

チャプレン就任の時に、私たちはこう祈った「神は死にゆく老婆の傍に、死して生まれてくる赤子の中に居る。神は居る、手術台の上に、点滴の中にも、軋む車椅子の音の中にも。神は居る、流れる血の中に、塞がらない傷口の中にも」

そしてイエスは地上を去る最後にこう言った「私は世の終わりまでいつもあなた方と共にいる」

こんな理不尽な世界に目に見える神などいない。苦しい時に必要なものを与えてくれる神、突然目の前が塞がれた時に道を教えてくれる神もいない。けれども私が信じる神、イエスは十字架にかけられた神。私たちが病む時に共に病み、罵られる時に共に罵られる、涙する時に共に涙し、そして死にゆく時にこそ一緒に死んでくれる。それが十字架の上で死んだ神の子イエスだ。

今日も私は病室に立つ。死にゆく人の前に、泣き崩れる家族の只中に。それでも思う。点滴を代えることができる看護師が羨ましい、たとえ臨終の宣告でも伝えるべきデータがある医者が羨ましいと。片や私は何もできない、何も言えない。なんと歯痒く、虚しく、無力なことか。だが、何もしないでそっと、ずっとそこに立ち続けることこそ私に任された役割なのだ。そして、無力の中にこそ神は居ることを信じ、私は今日も生と死の間に立っている。

**コリントの信徒への手紙二　12章9―10節**

すると主は、「わたしの恵みはあなたに十分である。力は弱さの中でこそ十分に発揮されるのだ」と言われました。だから、キリストの力がわたしの内に宿るように、むしろ大いに喜んで自分の弱さを誇りましょう。それゆえ、わたしは弱さ、侮辱、窮乏、迫害、そして行き詰まりの状態にあっても、キリストのために満足しています。なぜなら、わたしは弱いときにこそ強いからです。

# 第十一話　あなたの人生で溺れたい

　私はキリスト教の牧師を生業として生きている。「お父さんも牧師さんだったのですか？」とよく聞かれるが、そうではない。幼少期から家族で教会に通ってはいたが、一般家庭の出身だ。子供の頃、私は家でよく両親に牧師たちの悪口を言っていた。「牧師さんって暇そうだよね。だって日曜日の礼拝で二十分くらい話して、あとはお祈りだけしてれば給料もらえるんでしょ？」牧師は神と人々のために人生を捧げている特別な人なんだと憧れを感じつつも、どこかで馬鹿にしていた。

　だがある時、牧師が命がけで我が子を助けに行く姿を目の前で見て、私の牧師を見る目はガラリと変わった。それは、教会の牧師とスタッフ、子どもたち、合わせて総勢十五名くらいで川辺にキャンプに行った時の事だった。私たちはバーベキューをした後、皆で川遊びをしていた。すると小学生だった牧師の息子が首から上だけを出して、顔面蒼白になりながらプカプカと水面に浮きだした。周りの友達たちは「何やってんだよ～！」と声をかけたが返事はない。

彼は溺れかけていたのだ。そして次の瞬間、彼は激流に飲み込まれてあっという間に押し流されていったのだ。私を含め、周りにいた子どもたちは皆、恐くなって何もできなかったし、大人のスタッフも呆気に取られて指一本動かすことができなかった。

だが、牧師は目の前で我が子が激流に流されたのを見ると、名前を叫びながら思いっきり川の中に飛び込んだ。なんとか我が子の身体を掴むも、激流の中で二人は何度も何度もひっくり返され、岩に打ちつけられ、下流の方まで押し流されていった。その中で牧師は、どうにか片手で岩を掴み、もう片方の手で我が子を岸辺に押し上げ二人とも助かった。

下流から歩いて戻ってきた牧師を見ると、いつもかけていたメガネと履いていた靴はなくなっていた。岩で切って腕と足からはたくさんの血が流れていた。息子は奇跡的に怪我をしてなかったが、本当に怖かったのだろう、ずぶ濡れになりながら泣いていた。そんな息子を見て、牧師は「なにやってんだ！」「危なかっただろ！」などと怒鳴ったりはしなかった。ただ一言、「良かった……」と言って傷の手当をしたのだった。

人は「自分の子どもだから飛び込んだんだろう」と思うかもしれない。だが、私は小学生ながら「この牧師は溺れている相手が見知らぬ人でも助けに飛び込んだだろうな」と感じた。キラリと光る本物の生き方を見せてもらった気がした。

聖書の中に「善いサマリア人のたとえ」と呼ばれる有名な物語がある。あるユダヤ人が旅の途中で強盗に襲われた。彼は突然掴みかかられ、殴られ、踏みつけられ、金品、食べ物や水、衣服さえも剝ぎ取られたのだろう。強盗は少しでも価値のあるものは全部剝ぎ取って、虫の息になったその人を道端に捨てて行った。現代の日本ではあまり起こらない事件に思えるかもしれないが、現代でも治安の悪い国々では、ドライバーを殺して車を奪うカージャック、人身売買、臓器の売買のために人を襲って半殺しにする、といった事件が実際に起こっている。決して昔話でも、遠いどこか別世界の話でもない。

この何もかも奪われ瀕死の状態にして道に捨てられたユダヤ人の旅人の前を、何人かの人が通りかかった。初めに通りかかったのはユダヤ教の聖職者だった。道に旅人が倒れていることに気がつくが見て見ぬふりをする。「ああ、追いはぎに襲われた人がいる。助けたいが私は礼拝を執り行う時間に遅れてしまう」そう自分の中で言い訳をして立ち去ったのだろう。次にレビ人と呼ばれる祭司の一人がその旅人の前を通る。傷だらけになり、炎天下で放置され、息も徐々に弱々しくなっていた旅人の前を通ったのだ。「ああ、襲われてしまったのか。痛ましいな。でも信仰上の戒律で血に触っちゃいけないことになっている。それにどうせもう手遅れだろう」レビ人もこのように助けないことに正当な理由を見つけて旅人を見捨てたのだった。けれども唯一彼を助けた者がいた。それはサマリア人、外国人だった。

聖書は実に皮肉たっぷりに現実の人間を描写している。襲われた旅人はユダヤ人だが同胞であるユダヤ人、しかも宗教者たちは何もしない。手を差し伸べたのは逆に差別されていた外国人なのだと。

我々聖職者にとっては耳が痛い話かもしれない。愛や平和、平等を訴える宗教団体は往々にして立派なスローガンを掲げているだけで、実際には行動に移さない。そればかりか、そんな理想をスローガンに掲げている団体に限って排他的だったり、攻撃的だったりする。私もそのような一人なのかもしれない。

最後に手を差し伸べたサマリア人たちはユダヤ人たちと敵対関係にあった。ユダヤ人は彼らを忌み嫌い、話をすることさえ避けていた。だがこのサマリア人は、倒れているユダヤの旅人を前に足を止めたのだ。助けない理由、助けたくない理由はいくつもあったはず。本当なら「ヘッ、ざまあみろ！　くたばりやがれ！」くらいに思ってもおかしくはない。

けれどもそのサマリア人は、人種や宗教の違い、自分の感情を脇に置いて、目の前で倒れている人に駆け寄って抱きかかえ、自分の貴重な水を飲ませて傷を洗い、オイルと葡萄酒で傷を消毒し包帯を巻いたのだ。さらに炎天下で自分のロバに乗せて宿屋に彼を連れて行った。

そしてサマリア人は、自分の手持ち金を宿の主に渡して「このお金を彼の宿代、治療代にしてください。必要なことはなんでもしてください。もし費用が足りなければ旅の帰りに寄って払いますから」と言付けた。イエスのたとえ話はここで終わる。

このサマリア人は自分の名前も連絡先も残さず、そして帰りにこの旅人に会いに来るとも言わなかった。なぜか。私は思うのだ、このユダヤ人が回復した時、見ず知らずの外国人、しかもサマリア人に助けられたと聞いたら彼は素直に喜ぶことができないかもしれないからだ。ひょっとすると逆ギレするかもしれない。「なぜ助けた？　お前みたいな外国人に助けられなくとも同胞のユダヤ人が助けてくれたはずなのに、なぜ汚れたサマリア人が私に触った！」と逆恨みされる可能性は大いにある。

深読みし過ぎだろうか。少なくとも様々な援助に携わる人々は、助けた相手から逆恨みされた経験がたくさんあるのではないだろうか。「敵である私のためにありがとう」と涙を流して喜ぶ人もいるかもしれないが、文字通り「恩を仇で返される」ことはとても多い。人が人に関わるとはそういうことなのだ。

聖書はさらに私に語りかける。「お前自身も道端で瀕死になって倒れていた旅人なのだ」と。あの日川で溺れた子どものように、自分が命の危機にあることさえ気がつかず、何もできなくなった日々がたくさんあった。そのような絶望の瞬間に、神は誰かを通して私の人生に飛び込んできてくれた。だが平穏な日々の中、そのような助けられたことなどすぐに忘れてしまい、周りに対してイラつき、自分の力で人生を切り開いた、そして牧師として立派に人助けをしている、と自惚れさえもするのだ。本当は逆に、私は数えきれないほどの人、そして神に助けられてきた。なのにいつしかその事さえ忘れてしまうのだ。

だから私は、時々教会で十字架をじっと見つめる。イエスの十字架は他人の人生に命がけで飛び込んできた愛の形だ。イエスは私の人生にも飛び込んで来てくれたのだ。あの日、激流の中で溺れかけている息子の名を叫び、川に飛び込んで傷だらけになりながらも我が子を助けた牧師のように。同じように、イエスはこの現実の中で溺れかけている私を救いに来てくれるのだ。

**ルカによる福音書10章3―37節**

イエスはお答えになった。「ある人がエルサレムからエリコへ下って行く途中、追いはぎに襲われた。追いはぎはその人の服をはぎ取り、殴りつけ、半殺しにしたまま立ち去った。ある祭司がたまたまその道を下って来たが、その人を見ると、道の向こう側を通って行った。同じように、レビ人もその場所にやって来たが、その人を見ると、道の向こう側を通って行った。ところが、旅をしていたあるサマリア人は、そばに来ると、その人を見て憐れに思い、近寄って傷に油とぶどう酒を注ぎ、包帯をして、自分のロバに乗せ、宿屋に連れて行って介抱した。そして、翌日になると、デナリオン銀貨二枚を取り出し、宿屋の主人に渡して言った。『この人を介抱してください。費用がもっとかかったら、帰りがけに払います』さて、あなたはこの三人の中で、だれが追いはぎに襲われた人の隣人になったと思うか」律法の専門家は言った。「その人を助けた人です」そこで、イエスは言われた。「行って、あなたも同じようにしなさい。」

# 第十二話　あなたと一緒にパフェが食べたい

　イースターとは、十字架で殺されてしまった神の子イエスの復活を祝う日。だが、日本ではその意味を知る者は少なく、なんとなくディズニーランドが春のパレードをやる日くらいにしか思われていない。

　ある年のイースター、サーティーワンアイスクリームでウサギや卵のチョコが乗っかった「イースターパフェ」なる商品が登場。まさかイエスも自分の復活がパフェになるとは思いもしなかっただろう。神の国でイエスが怒り出しそうな様子を思い浮かべつつ、好奇心からイースターパフェをオーダーした。ついでながら、よせばいいのに私は店員さんに聞いてみた。「あの〜すみません、イースターって何の日なんですか?」すると女子大生風のバイトさんが「イースターは、えーと、なんか卵のお祭りみたいな感じです！」と元気に答えてくれた。「あ、卵のお祭りなんですね、ありがとうございます！」と礼を言いつつも私は愕然とする。心の動揺を抑えようと手渡されたイースターパフェにかぶりつく。口の中でストロベリーとバニラアイスが溶け出し、ウサギさんと卵のチョコが踊り出した。なるほど、これが現代のイースターの味か……。

日本ではクリスマス同様、イースターがキリスト不在の謎の祭りと化している。その原因は、キリスト教界がちゃんと人々に届く言葉と方法でイースターを伝えていないからに他ならない。これまで私は水戸黄門の印籠のように、「十字架の死から復活したイエスは私たちのすべての罪を赦し、永遠の命を約束してくれるのです！」と繰り返してきた。だが、ズレているのだ。この二十一世紀にあって、永遠の命を手に入れる事を目指して生きている人間なんかいない。

だとすれば、「イースターは、神の子イエスが定食屋のおっさんになってあなたを招いてくれる日。あるいは一人暮らしのあなたのアパートまでウーバー・イーツで飯を届けてくれる日。そして神の子イエスがそこであなたと一緒に飯まで食べる日」とでも言おう。つまりイースターとは、イエスが人間の究極の本能である飯を食うという日常の中に「永遠」をぶち込んでくる日なのだ。

聖書に書かれているイースターのイエスは、ひたすら自分を裏切って逃げた弟子たちを追いかけ、あるいは待ち伏せ、そして一緒に飯を食うのだ。

弟子たちがもう少しだけ強かったなら、イエスは十字架でなぶり殺されずに済んだかもしれなかった。銀貨三十枚でイエスの居場所を、イエスの命を狙う権力者たちにリークしたのは弟子のユダだった。いざ権力者と兵士たちがイエスを捕らえにきた時、弟子たちは全員一目散に猛ダッシュで逃げ出したのだ。

そしていざイースター、イエスは三日後に墓から復活するが、弟子たちはさらに怖くなって逃げ出すのだ。和解も反省もないまま、復活したイエスが一方的に弟子たちを探しに行った。イエスの死、復活、そしてイースターは痛く、切ない出来事だったのだ。イースターパフェどころの話ではない。

弟子の中のある者たちは、イエスの弟子であることをやめて元の漁師に戻っていた。ある日の早朝、イエスは湖の辺りで魚を焼きながら、弟子たちが戻ってくるのを待っていた。本当はたくさん言いたい事があっただろう。自分を裏切り捨てた彼らを、本当は殴りつけたいほどの思いだったはずだ。でもイエスは怒りをあらわにしたり、手を上げたり、彼らの裏切りの理由も問いただしたりはしなかった。

その代わりにイエスは炭火で魚を焼いて弟子たちを待っていた。「おかえり！」と言わんばかりに。もしここでイエスが聖書でも脇に抱え、険しい表情をして岸辺で待ち構えていたら、弟子たちは恐ろしくなって舟で向こう岸に再び逃げ出したであろう。だがイエスはさりげなく、炭火をおこして待っていた。いつ帰ってくるかわからない不良息子の分の夕食にサランラップをかけ、布団に湯たんぽを入れて待っている母親のように。そこには、問答無用の「おかえりなさい」「待ってたよ」があったのだ。

食事を準備して迎えられた弟子たちの目には、涙が込み上げてきたのではないか。これまで何度も何度も一緒に食事をしたイエスが、目の前で自分たちのために魚を焼いて待っていてくれた。そして魚を焼いているその手には、十字架にかけられた時に太い釘で貫かれた傷口がある。弟子たちはその痛々しい傷口を見て涙が溢れたのではないか、自分たちが見捨ててしまったが故にイエスは十字架にかけられたのだ。だが、イエスは弟子たちを責めない。逃げた理由も、自分の復活を信じなかった理由も、何も聞かなかった。

　そして、イエスが焼き魚にかぶり付く姿を見た時、弟子たちの心に本当のイースターがやって来たのだ。あの日、十字架にかけられ殺されてしまったイエスが目の前にいて、魚を食べている。幽霊でも幻覚でもない、本当にイエスは甦り、そして私たちを赦してくれている！

　イエスは「永遠の命」とか「罪の赦し」といった難しい御託を並べるのではなく、飯を食うという人間の根源的な行動の中に「取り返しのつかないこともあるけれども、もう一度一緒に生きよう！」と語りかけたのだ。

　このような食事の中に本当のイースター、そして宗教性があると私は信じている。ある年のイースターの時期、一人の教会員のおじいちゃんが脳梗塞を起こし、緊急手術をした。一命は取り留めたものの、長期入院を余儀なくされた。「残念ですが麻痺が残り、これまでのように自由に外に出歩くのは難しい」と医師に言われてしまったのだ。海外旅行に行き、写真を撮るのが趣味だったおじいちゃんは、この現実を受け止め切れず意気消沈していた。お見舞いに行くと、別人のように顔色が悪く、ずっと下を向いて、時折「は〜」とため息をついていた。翼もしれないのだ。

をもがれた鳥のよう、人生そのものを奪われたかのような絶望の中におじいちゃんはいた。当然のことながら二度と海外旅行には行けないし、近場に写真を撮りに行くことさえできないかもしれないのだ。

しばらく沈黙が続いた。かける言葉なんて何もない。イースターの時期だが、イエス様の復活云々の話をしても仕方がない。しばらく気まずい沈黙が続いた。すると、おじいちゃんはひと言「はぁ……、牧師さん、俺つらいよ。入院してからずっと、ビール一滴も飲んでねぇんだよ」と言った。私は「ずっと飲んでないんですか。それは辛い、私なんか飲まない日が三日続くことさえありませんよ」と返した。すると検温にやって来た看護師さんが会話に入ってきた。「私も三日間飲まないなんてありません！」おじいちゃんの塞ぎ込んだ心に飛び込むのはこの瞬間しかない！「そうですか～、じゃあ看護師さん、今度三人で飲みに行きましょうよ！」と返すと、おじいちゃんが私に怒った。「おいおい牧師さん、牧師さんが病院でナンパしちゃいかんだろう、しかも病人をダシに使って！」。

おじいちゃんは少し表情を緩ませた。「よーし！　じゃあ三人で行きましょう！　病院には内緒ですよ！」という看護師さんに「わかった。じゃあ、私の行きつけのトンカツ屋さんでビールを飲もう！」と答えるおじいちゃんの顔は笑顔になっていた。帰り際に「牧師さん！今日はありがとな。俺、あと一ヶ月以内に退院するからさ。そしたらすぐにトンカツ屋でビール飲もう！」と言ってくれた。本当は手術後でまだ五分粥しか食べられないのに。

脳梗塞とこの入院生活は、おじいちゃんからたくさんのものを奪った。これまでのように自由に体を動かすことはできない。自分の人生やプライドが否定されるような苦しみは、おじいちゃんにしかわからないだろう。けれども、それでも行きつけのトンカツ屋でおじいちゃんと看護師さんと私、三人で退院祝いをするという次の目標ができた。

そして一ヶ月後、その時がやって来た。おじいちゃんの行きつけのトンカツ屋に三人で集まった。「今日は私のおごりだ、何でも好きなものを頼め！」というおじいちゃんの呼びかけに私はしっかり二九〇〇円の上カツ定食、ヒレカツ三枚にエビとカキフライもついている。「退院おめでと～！」と三人でビールジョッキで乾杯すると、おじいちゃんはぽつりとひと言、「ここ、毎週女房と来てたんだ。女房が死んでからずっと来ていなかったな……」と言った。おじいちゃんの目から、ツ～と涙が流れた。だがおじいちゃんは、「辛子をつけ過ぎたっ！」と苦しまぎれの嘘をついた。私も看護師も熱い涙が込み上げてきて、「私も辛子をつけすぎた！」と同じ嘘をついた。私が経験してきたイースターの中で、最も豊かな時間だった。

キリストを信じている。もちろんイースターも祝う。だが、永遠の命だの罪の赦しだのとか、煌びやかな礼拝堂で言葉だけで伝える希望は絶望している人々には届かない。特にイースターの季節、神に祈っても脳梗塞で最後の生きがいさえ奪われたおじいちゃんの体は元に戻らないし、妻に先立たれた孤独はまだそこにあり続ける。でも、このトンカツ屋で何かが始まったような気がした。

あの日、岸辺で焼き魚を準備して弟子たちを待っていたイエスが、このトンカツ屋にもいた気がする。「失い続ける人生の日々かもしれない。それでも一緒に食おう。そして今日も一緒に生きよう」と、イエスがそう言ってくれた気がした。

**ヨハネによる福音書21章1―9節**

その後、イエスはティベリアス湖畔で、また弟子たちに御自身を現された。その次第はこうである。シモン・ペトロ、ディディモと呼ばれるトマス、ガリラヤのカナ出身のナタナエル、ゼベダイの子たち、それに、ほかの二人の弟子が一緒にいた。シモン・ペトロが、「わたしは漁に行く」と言うと、彼らは、「わたしたちも一緒に行こう」と言った。彼らは出て行って、舟に乗り込んだ。しかし、その夜は何もとれなかった。既に夜が明けたころ、イエスが岸に立っておられた。だが、弟子たちは、それがイエスだとは分からなかった。イエスが、「子たちよ、何か食べる物があるか」と言われると、彼らは、「ありません」と答えた。イエスは言われた。「舟の右側に網を打ちなさい。そうすればとれるはずだ」そこで、網を打ってみると、魚があまり多くて、もはや網を引き上げることができなかった。イエスの愛しておられたあの弟子がペトロに、「主だ」と言った。シモン・ペトロは「主だ」と聞くと、裸同然だったので、上着をまとって湖に飛び込んだ。ほかの弟子たちは魚のかかった網を引いて、舟で戻って来た。陸から二百ペキスばかりしか離れていなかったのである。さて、陸に上がってみると、炭火がおこしてあった。その上に魚がのせてあり、パンもあった。

# 第十三話　何も持たずに生まれ、何も持てずに死んでいく

「手ぶらでＯＫ！」レンタル品が充実しているスポーツジムなどは手軽さを売りにしている。それがスポーツジムならいいが、なんとイエスは、人々に救いを届けるために弟子たちを遣わす時、「何も持っていくな！」と言ったのだ。盗賊や獣など何に襲われるかわからない危険な旅だが、「金も食べ物も、着替えの下着も持って行くな」と命令したのだ。無謀にもほどがある。衣食住を持たず、武器も道具も持たない完全な丸腰、手ぶらで世界を変えられるわけがない。

だが、これこそ神の子の言葉なのだ。究極の無力、そこでは神に頼るしかないし、何もない時にこそ神が必要なものを与えてくれるという約束でもある。この聖書の言葉を私も日々人に説く「何も持たずに、ただただ神様を信頼して行きましょう！」と表面的には語る。

だが、はっきり言ってしまえば、すべてきれい事だ。毎日スマホを握りしめ神に祈るよりも先にグーグル先生に頼る。うまい飯を食うために食べログに頼る。「食べ物をはじめ、生活に

必要なものはすべて神が与えてくれるから、何にも執着するな！」と教会では人々に説きつつ、その日の夕方スーパーの閉店時間に半額の惣菜を我先に買いあさっている。

時に「私にはもう何も失うものはない」と覚悟を決めたかのように言う人がいるが、怪しいものだ。本当に何も持っていない人などいない。金品は持っていなくても誰もが自分のちゃちなプライドを握りしめている。とりわけ、カッコつけたがる人は尚さらだ。かわいい自分の人生のハンドルをしっかり握りしめ、それを他人、ましてや神になど触らせたくはない。私は自分の言動に口出しをしてくる人間が一番嫌いだ。人に自分の事を偉そうにアーダコーダと言われること以上に不愉快な事はない。

だが人は、人生の中で少なくとも三回は何も持てない究極の無力状態を経験する。生まれてくる瞬間、そして死の瞬間。おもちゃを握りしめて生まれてくる赤ちゃんはいないし、貯金通帳をあの世に持っていける者もいない。そしてもう一つは究極の人生の危機、災害、事故、家族崩壊などによって、自分が握りしめていたものを手放さなくてはならない時だ。

ある時、私は家庭内暴力（ＤＶ）から逃げて来た二十歳の女性を保護した。彼女は生まれてからこの方、ずっと両親に暴力を振るわれ続ける生活をしてきた。そして高校卒業後は風俗店で働くように命じられ、そこで稼いだ金はすべて両親の口座に入るようになっていたのだ。

だが驚くことに、二十歳になるまでこの家に暮らし続けた彼女は、これが虐待だと思うことがなかった。実は多くの家庭内の虐待が表沙汰になることはなく、また虐待している方もされている方も当事者であることに気が付かない場合が多い。また、性的、身体的暴力ではなく、言葉による暴力、精神的、経済的な暴力の場合、それが悪しき家庭文化と化してしまっていることがある。恐ろしい話だが、このような家庭は私たちの周りに数えきれないほど存在する。もしかすると、気がついていないだけで、あなたの家庭もこうした虐待に支配されているかもしれない。

彼女はある時、自分が日々両親から暴力を受け生活をコントロールされている事、そして収入のすべてを奪われている事を友人に話した。その時、友人に「それ虐待だよ！」と指摘され、生まれて初めて自分が虐待され続けてきたことに気がついたのだ。そして彼女はそのまま家に帰らず、着のみ着のまま東北の街から高速バスに乗り、なぜか私が勤めていた東京の教会にまでやって来たのだった。

私は彼女から事情を聞いて、すぐに東京都の女性サポートセンターに電話したが、業務時間を既に過ぎていた。ならばプランBだ、都内の○○警察の生活安全課に直接行って保護を求めることにした。警察署の生活安全課に着くと、若いホステスが「交際していたホストが家にあった貯金を全部持ち出して逃げた！」と大声で泣きながら叫んでいる。「お姉さん、大変なのはわかったけど、これは警察ではどうにもできないよ」と説く警官。これまた裏世界でよく見る光景だ。ホステスが諦めて帰ると私たちの番だ。警察に彼女のこれまでの二十年の虐待の日々を説明し「帰れば親に殺される、命からがら逃げて来たんです！　保護してください！」私は大袈裟なくらいに訴えた。そうでもしなければ警察も取り合ってくれないことが多いからだ。

するとと係官は彼女の事情聴取と持ち物をチェックし始め、財布の中の現金まで調べている。そして彼は彼女の財布に一万円札が二枚入っているのを見つけると、にべもなく言い放った。「あのね君、人生ってそんなに甘くないんだよ。二万円持っているんだから、それでどこかに泊まって、自分で仕事を探してがんばりなさい」と、偉そうに説教までしてくれたのだった。刑法や容疑者の捕獲法などは知ってはいるのだろうが、二十年間虐待を受け続けた女性の精神状況をすべての警官が理解できるわけではない。また、仮に彼女がシェルターに一時保護されたとしても、安堵感とともに一気に鬱症状が出てしまう事だってあるのだ。

着のみ着のまま逃げてきた彼女の財布に入っていたなけなしの二万円、風俗店で彼女が必死に稼ぎ、それでも何とか自分の財布に入れることができたこの二万円の意味など誰もわからないだろう。そして、このなけなしの二万円が理由で保護されないなんて、なんと世知辛い世の中だろうか。

イエスは「神が必ず助け導くから、旅に何も持っていくな」と言った。だが、この非情な現実を前に、神の護りも導きも信じられなくなる。神も仏も警察も牧師も、誰も彼女を救い出せない……。

だがそんな事を嘆いている猶予などない。目の前の彼女を何とかしなくてはならない。その夜は彼女を教会に泊めて、次の日に区役所の福祉課窓口に行くというプランCを選ぶことにした。それでも今晩だけは、暴力を誰からも振るわれることはない。だが明日、行政は彼女を保護してくれるだろうか？　もしうまくいかなかった場合、無惨にも彼女は暴力が支配する実家に帰ることになるのか。

次の朝、冷たい雪が舞い落ちる、何とも悲しい朝だった。けれども彼女は決意してここまで来たのだ。もう後には引けないし、失敗は許されない。「財布の中の二万円、預かっておくね」私は彼女が持っていた最後の全財産を受け取り、自分のポケットにしまった。激しい悲しさが胸に込み上げてくる。彼女は本当に着のみ着のままになった。帰る故郷も家族もない。コンビニでパンの一つも買うことができなくなったのだ。

すべてを手放した彼女と、虚しさを握りしめた私は、最後の望みである役所の福祉課窓口を訪ね事情を説明した。「ルーテル教会の牧師をしています関野と申します。昨晩、このような緊急の事情で彼女を保護いたしました」すると次の瞬間、福祉課の窓口の女性が私を見つめてニコッと天使のように微笑んだ。男とは何と単純で浅はかなのか、いきなり見せられた天使の笑顔に「この職員は私に気があるのか？」と思ってしまったのだ。申し訳ない、私はクズだ。そして天使はこの私の愚かな妄想を一瞬で砕き、「関野さん、私は関野牧師が所属しているルーテル教会の大学で福祉を学び、ここで働いています。関野牧師のこともよく存じていますし、彼女の状況もよくわかりました。さぞかし大変でしたね。区を通して緊急シェルターで保護いたします」と言ってくれたのだ。

プランAでもBでもCでもなく、プランXだった。こんな事が起こるだろうか？　昨日は一日中絶望の嵐に襲われ、雨上がりに虹など出るはずもないと悲観していたのに、冷たい雪が降る朝思いもよらない奇跡が起きる。イエスの言葉が再び心に蘇ってくる。「旅には何も持っていくな。神に仕える者は必ず神が助け出すから、何も持っていかなくていい」

その通りになった。彼女はこの朝、最後の二万円さえも手放した。片や私は神に対する信頼さえも持っていなかった。そんな私たちに神は道を開いた。神は神にしか起こすことのできない奇跡を起こした。

あれから数年、彼女は元気に過ごしている。シェルターを出て職を見つけ、小さなアパートに住んでいる。恋人ができて来年結婚すると連絡があった。たくましくなった彼女は、私に頼んできた「牧師さん、あの日は本当にありがとう。もう二度と両親とは会わないし実家には帰れないけれども私は今幸せです。牧師さんに結婚式をあげてほしいです。でも私たちお金がないから無料で小さな式を教会であげてくれませんか？」

私は何だかとても嬉しくなり、「もちろん！　喜んで式を無料であげるよ。でもご祝儀はあの日君の財布から預かった二万円でいいよね！」と答えたのだった。

## ルカによる福音書9章1―3節

イエスは十二人を呼び集め、あらゆる悪霊に打ち勝ち、病気をいやす力と権能をお授けになった。そして、神の国を宣べ伝え、病人をいやすために遣わすにあたり、次のように言われた。「旅には何も持って行ってはならない。杖も袋もパンも金も持ってはならない。下着も二枚は持ってはならない」

# 怒りの章

# 第十四話　お嬢様学校と若年性認知症カフェ

ある年、私はキリスト教系のお嬢様学校のクリスマス礼拝にメッセージを語りに出かけた。

「関野牧師、パンチのあるクリスマスメッセージをお願いします！」それが学校からのリクエストだった。しかし、その女子校は、伝統と品格のある都内有数のエリート校。そもそも警視庁の犯罪ハザードマップで真っ赤に塗られた新宿歌舞伎町の裏界隈、新大久保で活動している私なんかが足を踏み入れるには場違いな場所だ。


ともあれ、早速始まったクリスマス礼拝。宗教主事の先生が「みなさん、ごきげんよう、メリークリスマス！　今日はルーテル教会から関野牧師様が来てくださいました。みなさん、心鎮めて聖書の言葉を聞きましょう！」。

「パンチのある説教をしろと言われて来たのに心鎮めてって、どっちなんだよ！」と、私は心の中でツッコミを入れつつ、捨て身でメッセージを語り始めた。

「お前ら！　ごきげんよう、じゃねえんだ！　クリスマスはな、きれいな物語じゃないんだ。

キリストがどこで生まれたか知ってるか。飼い葉桶だぞ。便所みたいところだぞ。しかもお前らくらいの年齢のマリアが極秘で出産したんだ。わかるか?」

するると、たちまち生徒たちがざわめき始め、「キャア!」とか「ワーッ!」とか言い出した。先生たちは声を張り上げて「みなさん、静粛に! お静かに!」とか言いながら慌てふためいていた。

リクエスト通りパンチのあるメッセージを語ったが、「ああ、終わったな。もう二度とここに呼ばれることはないだろう」と私は思った。

礼拝の後、私は校長室に呼ばれた。「ああ、ひどく怒られるんだろうな」と憂鬱な思いで私は部屋に入った。するとそこには校長先生をはじめ、多くの先生たちが待っていて「関野牧師、生徒たちがあんなに説教をちゃんと聞いたのは初めてです。来月も来てください! また来年の夏のキャンプにも講師として来てください」と言われてしまった。「おまえら!」といきなり礼拝で叫んだ私はその後、何度もその学校に呼ばれキャンプにも行った。そして女生徒たちや先生たちは逆に何度も新大久保の私の教会に来てくれた。

その後、私はいろいろな場所に「わかりやすく聖書の話をしてください」と呼ばれるようになった。だが、はっきり言っておくが私は話術に長けてるわけでも、話が特段面白いわけでもない。ただ、バカみたいな熱量があるだけだ。はっきりとストレートに聖書とイエスの言葉が持つ勢いを殺さず、その本質を薄めずに人々の魂にぶち込んでいるだけだ。

おおよそ日本の宗教者たちは組織、伝統、信者たちのしがらみの中でがんじがらめになって自由にものを言えていない。批判されることを恐れ、過去の偉人や学説を隠れ蓑にして「〇〇はこう言った」とか「あの本にはこう書いてありました」とか、そんなパターン化された話ばかりだ。

考えてみれば日本社会も暗黙理の掟に支配されている。「〇〇様が先程おっしゃったように」「もしご無理でなければ……」等々。苦い薬を無理なく飲ませるためオブラートに包みまくった結果、分厚いオブラートの塊になって結局中身が何なのかまったくわからなくなってしまう。はっきり言えばいいのだ、自分が思っていることを、伝えたいことを。とりわけ宗教者はそうしなくてはならないし、それが使命なのではないか。八方美人になり、当たり障りのないきれいな言葉を選ぶ。だが耳に聞こえの良い言葉には、結局何の力もない。

聖書の中のイエスは、きれい事は言わなかった。八方美人どころか三六〇度、三六五日、権力者たちに対してはいつだって喧嘩腰だった「はっきり言っておく。金持ちが天国に入ることはいかに難しい事か！」

イエスはまた、弟子たちにも厳しかった。「はっきり言っておくが、あなたがたのうちの一人がわたしを裏切ろうとしている」と自分を裏切ろうとしているユダに宣告した。死を間近にしたイエスに対して、ペトロは「あなたのためだったら死んでもかまいません！」とカッコいい事を言った。だが、やはりイエスはバッサリと切り捨てた。「私のために命を捨てると言うのか。はっきり言っておく。鶏が鳴くまでに、あなたは三度わたしのことを知らないと言うだろう」

そう、イエスの口癖は「はっきり言っておく！」なのだ。「マジでいうけどな、お前！」と、イエスの言葉は目の前の人間の存在を揺るがし、ひっくり返し、プライドを破壊し、命を貫く。そして神の子イエスの真骨頂は、罪人や病人たちにはこの上ない愛を伝えることにある。世間は彼らを汚れた存在と言った。だが、イエスははっきりと、彼らに対して「あなたこそ、救われる」と言い切ったのだ。

イエスの十字架の横で同じく十字架で処刑されている受刑者が、痛みでもがき苦しみながら「イエスよ、あなたが天国に行ったら、こんな私のことを思い出してください」と言った。するとイエスはカマした。ブチカマした。最後の命を振り絞って、その言葉で受刑者の魂を貫いた。「はっきり言っておく、あなたは今日私と一緒にパラダイスにいる！」

つまり、「何言ってやがるんだ！　お前は地獄になんて落ちねえよ。俺と一緒に十字架で死ぬお前は天国に行くしかねえだろ！」という激アツな言葉だったのだ。

どうしてイエスは、権威者や自分の弟子にはめちゃくちゃ塩対応、はっきり切り捨てながら、罪人にはこんなにも愛に溢れた言葉をはっきりと大胆に言い切ってしまうのだろうか。理由は一つ、イエスが神の子だからだ。神の子がそう言ったから、そうしたいと思ったからだ。正しいか間違っているかの問題ではない。ちなみに、イエスが何度も使ったこの「はっきり言っておく」は、聖書の原文では「アーメン」だ。「アーメン」とはお祈りの締め言葉じゃないのだ。「マジで言っとくぞ、お前ら」と、常識をひっくり返すイエスの挑戦状でもあるのだ。そして、祈りの最後に人々が唱える「アーメン」は、このイエスの言葉に対して「マジそうなってくれ！」という応答なのだ。人間の常識をひっくり返し、神と人との新たな伝説をつくるコール&レスポンスなのだ。

このイエスに憧れ、ついて行っているからこそ、私はどこに行こうが、誰が見てようが、はっきりと大胆に聖書を伝えることができるのだ。

先日は「若年性認知症カフェ」という集会に呼ばれて出かけた。四十代、五十代で若年性認知症を発症してしまった人々と家族の交流の場だ。なぜ、主催者は私をこの場に呼んだのか？このように社会ではまだまだ認識されていない病を抱える人々の前に宗教者が呼ばれると、だいたい言うことは決まっている。「それでも神様はあなたを愛している」とか「すべての苦しみに意味がある」とか、そんな月並みでチープな言葉になってしまう。はっきり言うが、そんな表面的な言葉で当事者も家族も救われるはずがない。彼ら彼女たちは、私なんかが想像もできないような苦しみを日々背負っている。

だから、私はこの日も聖職者として勝負に出た。私ははっきりと言った。

「すみません。皆さんが日々どれだけ辛い思いをしているか、私にはわかりません。ただ、今日、この場に入ってきて皆が疲れ切っていることを直感で感じました……。でもさ、せっかくこうやって集まっているんだから良い時間にしましょう！　俺、今から牧師の限界突破して、ギター持って歌って叫ぶよ。だからさ、みんなもさ、ちょっとでいいから自分が無理だと思っている限界超えてくれないかな？　いいか！　車椅子乗っているみんなはさ、ちょっとでいいから立ち上がってみてくれないか！　車椅子押しているみんなは飛び跳ねてくれよ！　わかってるよ、職員のみんなもさ、日々クレームやらなんやらで、もう限界だよね。そのストレスを叫んでくれ、行くぞ！」。

私は白い牧師ガウンに身を包み、ギターをかき鳴らした。するとどうだ、車椅子に座っていた五十歳くらいの認知症の男性が立ち上がり、軽快なステップで踊り出したのだ。さっきまで、ずっと虚ろな顔で車椅子に座っていた彼が立ち上がり、ところ狭しと踊りまくる姿を見て、会場にいる全員がリズムに合わせて体を揺らし始め、拳を突き上げる！　曲の最後に彼は一回転して、職員が用意してくれていた花束を私に渡してきた。参加していたみんなが大歓声をくれた。どうやら、彼はずっとフラメンコダンスを習っていたらしい。けれども若年性認知症を発症して塞ぎ込んでしまい、ずっと踊っていなかったそうだ。私は最後に叫んだ。「歩けなくなったら踊ればいい！　もし立ち上がれなくなったら飛べばいい！　俺たちは神の子なんだから！」誰かが叫んだ「アーメン！」

## ルカによる福音書23章39―43節

十字架にかけられていた犯罪人の一人が、イエスを罵った。「お前はメシアではないか。自分自身と我々を救ってみろ」するど、もう一人の方がたしなめた。「お前は神をも恐れないのか、同じ刑罰を受けているのに。我々は、自分のやったことの報いを受けているのだから、当然だ。しかし、この方は何も悪いことをしていない」そして、「イエスよ、あなたの御国においでになるときには、わたしを思い出してください」と言った。するとイエスは、「はっきり言っておくが、あなたは今日わたしと一緒に楽園にいる」と言われた。

# 第十五話　コロナ室でナースのウィンク

「違うわよ！　何であなたはハンドタオルも取れないの⁉」

凄まじい怒鳴り声がコロナ病棟のナースステーションにこだまし、怒鳴られた私は頭の中が真っ白になった。二〇二〇年九月、コロナパンデミックが大流行の中、しかも感染者数世界最悪のアメリカのコロナ病棟で、私は病院聖職者、チャプレンとして働き始めていた。コロナ病棟では、誰とも面会できず亡くなる者もいる。そこで患者を看取り、また闘病する患者の心のケアをするのが私の仕事だ。

言ってみればそこは野戦病院のようだった。全員が毒ガスマスクのような重厚なマスクに全身防護服で身を包み、患者のケアにあたっている。しかも医療従事者たちは各コロナ患者の部屋に入る度に新しいガウンを着なくてはならないのだ。

そんな時だった。一人のナースが患者の部屋から上半身だけを出して、私に何か叫んでいた。

「ちょっと washed cloth を持って来て！」洗った布か？　リネン棚を見るとバスタオルが積

んであったので、それを急いでナースのもとに運ぶ。するとナースが毒ガスマスクの中から「違うわよ！　washed cloth よ！」と叫ぶ。慌ててリネン棚に戻ると、パジャマもそこにあるのが見える。なるほど洗った服、パジャマか。そう思いパジャマを急いで届けると、ナースの目が全身防護服のゴーグルの中でつり上がり、「違うわよ！　washed cloth って言ってるでしょ！」と激怒する。もはや目の前にいるのは叫んでいる怪獣だ、患者をケアするナースなんかではない。

何が何だかわからず、私は泣きたくなった。すると隣のナースが「ハンドタオルのことですよ」と優しく教えてくれ何とか怪獣、いやナースにハンドタオル、washed cloth を届けた。アメリカで病院聖職者、チャプレンになるためには原則として大学院相当の教育を受け、聖職者勤務五年以上、上級英語を話せることが必須だ。日本人ながら、私は何とかそれらの条件をクリアしたつもりだ。大学院では英語で論文を書き、英語塾にも毎週通い続けたし、聖書も全部英語で読んだ。でもどこにも英語でハンドタオルが washed cloth だなんて書いていなかった。とっても惨めだ。患者の魂をケアし、看取り、スピリチュアルペインを扱う牧師、チャプレンであるはずの私。だがそこに立ち尽くしていたのは、ハンドタオル一枚も取れずナースをキレさせたアラフォー日本人のおっさんだ。もう無理だ、ここでは働けない……。

こんな小さな事でめげる私、そう、日本でロック牧師ともてはやされ、大きな教会で十四年働き、先生、先生と呼ばれ続けてきた私は、自分が何者かであると無意識のうちに自惚れているのだ。だが、アメリカのコロナ病棟では私は何者でもなかった。誰も私の事など知らない。その日の私は単なる役立たずだった。そしてアメリカでは、役立たずは直ぐに解雇される。

でも、それでも今日一日は頑張ろう。私はコロナ室に入っていった。すると長髪で髭を蓄えた白人の中年男が床に寝転びうなだれている。なぜ彼はコロナで重症化しているのに、ベッドでなくて床で寝ているのだろう？

「おう、チャプレンか、調子はどうだい？」と男は防護服姿の日本人牧師に話しかけてくる。なんとなく悲しみが溢れているその目に、私は思わず本音を伝えてしまった「日本から来たばかりで、病院の中のこと全然わからなくて、さっきハンドタオルがわからなくてナースに怒鳴られてしまい、落ち込んでいます」

すると男は笑った。「はっはっはっ。この国はさ、外国人や弱者に冷たい国だよな。でもお前いいじゃん。まだ帰る家と国がある。俺にはないんだよ。何もかも壊れちまったよ……」

男は薬物問題を抱えるホームレス。路上でコロナが重症化し、緊急搬送されてきたのだった。聞くと仕事のストレスからドラッグに手を伸ばし、家庭が崩壊、仕事にも行けなくなり、ホームレス状態に。ベッドの上に寝ると自分が家庭を持っていた日々のあれこれを思い出すから、床に寝ている方が落ち着くのだと言う。

アメリカ社会の権力構造や差別などについて男はいろいろと教えてくれた。一時間くらい話を聞き、「今日はいろいろ教えてくれてありがとうございます。アメリカに来て数ヶ月経ちますが、社会の事をこんなに丁寧に教えてくれたのはあなたが初めてです」と感謝を伝えると、ウオン、ウオンと彼は声をあげて泣き始め、私にハグを求めてきて言った「病院では誰も俺を人として見てくれなかった。目を見て話を聞いてくれたのはお前さんだけだよ」

私もとても嬉しかったが、さすがにコロナ患者と抱き合いたくはない。でもこんな絶望的な孤独をどうするんだ！　私は彼を抱きしめた。この男にもたくさん問題はあったのかもしれないが、せめて誰かがこの孤独に触れなくては。次第に私の防護服が彼の涙で濡れてきた。「washed cloth」ハンドタオルをナースにちゃんと届けられなかったけれども、この日は私自身が彼の涙を受け止めるハンドタオルだった。

一時間くらいコロナ室で彼の話を聞き部屋を出ると、先の優しい方のナースは「え！　彼が一時間も話をしたの？」と驚いていた。何でも体調は回復してきたものの、まったく話さず、思い詰めた様子でずっと床に寝ているので、精神科のドクターに抗うつ剤を処方してもらうかと考えていたそうだ。そうか、こんな俺でも今日一日、誰かを支えられたのか？

チャプレンオフィスに戻り、スタッフミーティングで言葉の壁でハンドタオルさえわからなくてナースに怒鳴られたこと、そしてそれでも一時間近くコロナ患者に寄り添ったことを話すと、意外にも上司から褒められた。

「私がコロナ患者だったらあなたに来て欲しい。自信満々で枕元でペラペラ宗教じみたことなんか語られたら堪らない。そうじゃなくて、あなたは自分の無力さに打ちひしがれて、何もできないのだという雰囲気が身体中から溢れていたと思う。だから患者さんはあなたに心を開いたんじゃないのかな？　グッドジョブ！」と上司は言ってくれた。嬉しいような、嬉しくないような、複雑な思いで私は上司の言葉を聞いていた。

キリスト教には三大祭というものがある。キリスト誕生のクリスマス、十字架にかけられたキリストの復活を祝うイースター、そしてキリストが天に帰った後に地上に残された弟子たちが神の霊を受けて布教し始めたことを記念するペンテコステである。

キリストの弟子の多くは漁師出身の肉体労働者たちで、彼らはほぼ全員読み書きができなかった。もちろん学校などにも行っていない。また強い信仰心や勇気があったわけでもない。現にイエスが不当に逮捕され十字架にかけられた時に、弟子たちは怖くなって一目散に逃げ出したほどだ。聖書を読む限りでは、はっきり言って彼らの長所や強みを見い出すことができない（短所はいっぱい聖書に書いてある）。

だがペンテコステの日がやって来て、神の霊が頼りない弟子たちに激しく降り注いだのだ。そして神の霊の力によって、彼らは世界中の様々な言葉で神の救いを語り始めたのだ。その異様な光景を見て、人々の中には「こいつら酒で酔っ払っているのか？」と言う者もいた。ある人が怪訝そうにこう言った。「こいつらガリラヤ出身の奴らじゃないか？」と。つまり田舎村のおっさんたちが話せるはずのない外国語を話している。それを聞いて、人々は神の力を感じてしまったのだ。そして、この日のうちに弟子たちの演説を通して三千人以上の人々がイエスを信じるようになったのだ。ペンテコステは教会の誕生日とも言われるが、神が人の無力さを用いる日だと私は思っている。

私はあの日、コロナ室で完全に無力な役立たずだった。怪獣ナースの一括で、一気に私は丸裸にされた。日本の肩書など、そこでは何も通用しない、私はこの命の現場で何もできないおっさんだった。言葉も不自由、ハンドタオル一枚も取れなかったのだ。でも何もない、何もできない聖職者だからこそ、たくさんのものを失い苦しんでいる患者たちの心にぐっと近づけた。この日は私のペンテコステ、神の霊が私に宿った日、自分の無力さを祝う日となった。

そして思いもしなかったことだが、この日以来、頻繁にコロナ室のナースから「患者がチャプレンに会いたがっています、来てください！」といったリクエストが来るようになった。しかし、依然として私は何もできない。私にあるのは無力さだけだ。でも、この圧倒的無力さが、苦しみの中で何もできない人々、死を前にした無力な人々の支えになるのかもしれないと思った。何もできない私ではあるが、せめて患者の涙を受け止めるハンドタオル、washed clothになろうと決心した。

ある日、急いでコロナ病棟に駆けつけると、先日の怪獣ナースがいた。私はハッタリをかまし「今日は washed cloth は足りてるかい？」とジョークを言った。すると、怪獣から「今日は大丈夫よ！」とウィンクが返ってきた。

**使徒言行録2章1―8節**

五旬祭の日が来て、一同が一つになって集まっていると、突然、激しい風が吹いて来るような音が天から聞こえ、彼らが座っていた家中に響いた。そして、炎のような舌が分かれ分かれに現れ、一人一人の上にとどまった。すると、一同は聖霊に満たされ、「霊」が語らせるままに、ほかの国々の言葉で話しだした。さて、エルサレムには天下のあらゆる国から帰って来た、信心深いユダヤ人が住んでいたが、この物音に大勢の人が集まって来た。そして、だれもかれも、自分の故郷の言葉が話されているのを聞いて、あっけにとられてしまった。人々は驚き怪しんで言った。「話をしているこの人たちは、皆ガリラヤの人ではないか。どうしてわたしたちは、めいめいが生まれた故郷の言葉を聞くのだろうか」

# 第十六話　破滅に向かう君へ

　二〇一一年三月十二日、東日本大震災の翌日だった。新潟にある校則の厳しい全寮制高校から、一人の男子高校生が原付バイクで脱走した。

「もうこんな寮に絶対いたくねえ、こんなセンコーの言うことなんか聞かねえ！」「もうここには絶対戻らない」と固く決意していた。平成の尾崎豊だった。福島第一原発が核爆発したことなどつゆ知らず、あろうことか福島方面に逃げて行ったのだ。人は現実から逃避する時、破滅に向かう存在なのか……。

　だが、彼は異変に気がつく。反対車線の国道が今まで見たことのない大渋滞になっているのだ。多くの福島県民が新潟方面に向かって避難しようとしていたのだ。そして逆方向、福島に行く車なんて一台もない。そんな反対車線のトラック運転手が彼に向って「おい、お前！　原発が爆発したの知らねえのか！　死ぬぞ！」と叫んだ。「なんてことをしてしまったんだ」彼は頭が真っ白になった。パニックになり、どうしていいかわからなくなった。

そんな時、車一台走っていない福島方面に向かう車線の後方から、一台の車が猛スピードで彼の方に向かってきた。運転していたのは、なんと彼の学校の聖書科の先生だった。彼は思わず「え⁉　先生？　マジ？」と声に出した。先生は、「マジだよ」「一緒に、戻ろう」と答えたのだった。

ドラマのような展開、カッコ良すぎる。だが私は言いたい、この先生の行動こそキリストの救いそのものだと。世の中のキリスト教は実にややこしい。聖書は古文書のごとく難しく、一人で読んでもなかなか意味を理解できない。それを人々に救いとして語る場であるはずのキリスト教会はとてつもなく敷居が高く、たとえ勇気を持って入って行ってもその中では一般人がついていけない難解な儀式、そして大学の哲学の授業のような聖書の解説が語られていることが多い。

しかし本当の救いとは、今まさに救いを必要とする、人生に絶望して塞ぎ込んでいる者を圧倒的な大きさと温かさの中に包み込んでいくことだ。そして、教会に立っている十字架こそが、まさにキリストによる救いのシンボルなのだ。十字架とは、神の子イエスからの揺るぎないメッセージ、「人生の嵐の中だとしても、なにが爆発しても、全人類が真逆の方へ行ったとしても、私はあなたを迎えに行き、あなたと共にある！」というメッセージを象徴しているのだ。

先の先生は牧師でもあり、学生時代はアメリカにスポーツ留学し、今は４ＷＤのジープを乗り回しているエキセントリックでクレイジーな匂いのする男だ。ちなみに、エキセントリックの語源はEx-center（中心から外れる）だ。的を得た正論ばかり言う聖職者なんてつまらない。私はエキセントリックではみ出した聖職者が大好きだ。そして最初っから率先してはみ出しているような聖職者でないと、はみ出し者は救えない。東日本大地震の翌日に福島の第一原発方面に向かって逃走するような高校生は、彼のような牧師でないと救えない。

そして、イエス・キリストこそ歴史上最もエキセントリックなはみ出し者だった。イエスは旧約聖書に預言されていた救い主、新しい王として生まれた。言わばロイヤルファミリーのプリンスだ。だが、そんなイエスが生まれたのは病院でも神殿でもない。イエスが生まれたのは馬小屋のような臭い場所、しかもベビーベッドさえなかった。イエスは牛や馬が枯草を食べているあの飼い葉桶の中に寝かされたのだ。イエスは王と王妃の間に生まれたのではない。イエスの母は田舎の十代の娘であり、父親は大工職人。もちろんイエスは学校も出てはいない。

なぜそのようなイエスが神の子とされ、宗教を超えて世界中の人々がイエスの誕生日であるクリスマスを祝うのか。そしてなぜ、私たちはイエスが生まれた年からカウントする西暦の中で生きているのだろうか。それは、イエスという究極的にエキセントリックな存在がそれほどに世界にインパクトを与えたからだ。

聖書の中のイエスの会話パターンは、主に二つに分けられる。一つは宗教者や政治家との論争。イエスはこれでもかというほどに権力者を嫌い、彼らを徹底的にディスる。もう一つは罪人との会話だ。イエスは詐欺師、娼婦、前科者、外国人にこの上なく優しい。詐欺師の家に出かけて行き、そこで詐欺師の金でパーティーを開く。人々はイエスの事を大酒飲み、大食いと呼んだ。このギャップはイエスの最大の魅力だ。

イエスは、不倫現場で現行犯として捕まりその場で死刑になりかけている女性のもとに行き、「罪がない奴からこの女に石を投げろ！」と言って偽善者たちを追払い彼女を救い出した。滅茶苦茶カッコ良すぎる。当然モテまくった。イエスの周りにはいつも女性がいた。イエスが十字架で殺された時も、最後までその現場には女性がいた（ちなみに、男の弟子たちは全員ケツをまくって逃げている）。

そんなイエスは激しく妬まれ、嫉妬された。そうした状況の中で、イエスは既存の権力者たちの教えをひっくり返し、宗教的伝統まで乗り越えてしまい、最後には彼らにとって生かしておけない存在となり殺されてしまったのだ。中心、王道、正当性、そして命を捨ててまで外へ外へとはみ出して振り切ってしまったのがイエスという存在なのだ。

牧師を十五年やってきて一つだけ見えたことがある。人は誰しもがズレていて、はみ出しているということである。有名な医師なのに盗撮に快感を覚えてしまった者、誰からも信頼されている町内会長がストーカーになったり、虚言癖がある大手新聞記者、毎日スーパーの売り場でマグロの刺身のパッケージに指で穴を開けることが止められない校長先生など、まったく想像もできないような闇が人にはある。そして、世間から信頼を得ている人こそ、信じられないような癖を持っている。信じられない、気持ち悪い、怖い……と思うだろうか。では、あなたはどうだろう？　あなたには隠している癖がないだろうか、自分のすべてをコントロールできているだろうか？

はっきり言えば「自分は大丈夫だと思っている人ほどヤバい」のだ。自分を保つためには、明日は我が身だと言い聞かせ、そして自分の危うさを日頃から言葉にして安心して話せる友が必要だ。そういう危うさがあることがいけないのではなくて、自分は大丈夫だと過信しているのが最も怖い。

とにかく、人の生き方に正論など実は通用しなくて、本当は皆がズレていて、皆がはみ出している。そして、人は死を前にした時に激しく心が揺れ、取り乱し、理解不能な行動に出る。クリスチャンで教養ある大学教授が末期癌を宣告された途端に一瓶五万円もする毬藻《まりも》の粉を飲み出した姿、その財産があれば最高級の有料老人ホームに入れるのに一億円の預金通帳を握りしめたままゴミ屋敷で死んでいったおばあちゃん等々……。人はキレイになど生きられない、泣きながら生まれて、迷い、そして現実逃避をし破滅に向かって生きていく。

でも、そんな時に自分を迎えに来てくれる友がいれば、人生はちょっと、いや、かなりマシになる。イエスは罪人たちに、人々に、「私はあなたたちの友だよ」と告げた。庶民のあやまちを正論で正すのではなくて、自らその中に入って行き罪人の友になり、最後は罪人と一緒に十字架で処刑された。だから私はイエスを信じられるのだ。狂った人生の中で、このような友がいれば安心して迷いながら生きていける。ちなみに、今日語った爆発する福島第一原発に向かって生徒を迎えに行った先生は私の友人だ。そしてイエスも私の友だ。こんなエキセントリックな友がいる私は幸せだ。安心して今日もはみ出し、迷いまくろう。

**ヨハネによる福音書15章13―15節**

友のために自分の命を捨てること、これ以上に大きな愛はない。わたしの命じることを行うならば、あなたがたはわたしの友である。もはや、わたしはあなたがたを僕とは呼ばない。僕は主人が何をしているか知らないからである。わたしはあなたがたを友と呼ぶ。父から聞いたことをすべてあなたがたに知らせたからである。

# 第十七話　十億円を動かすか、ひとりを動かすか

五月になると多くのキリスト教系大学でチャペル・ウィークが開催される。チャペル・ウィークとは、キリスト教に馴染んでもらうために新入生たちを招いて特別な礼拝を行う一週間のことである。この間、各大学は著名なクリスチャンを呼んで礼拝で話をしてもらい、なんとか学生たちにキリスト教に興味を持ってもらおうと必死になる。

先日、とある大学のチャペル・ウィークに呼ばれ話をしに行った時に、広報部の職員さんに「関野牧師さん、会いたかったです！」と熱烈に歓迎された。昨今は大学も厳しい経営危機の中にあり、なんとか大学のイメージを上げて入学者数を増やし企業献金を増やさなくてはならない。彼はそのために大企業からヘッドハントされた十億を動かす敏腕ビジネスマンだった。彼はさらに「無意味な事に命をかけている関野牧師からキリスト教を学びたかったのです！」と言った。

私は思わずムッとし、「なんだ、コイツ⁉」と思った。だが、確かにビジネスマンからすれ

ば、見えない神の事を伝えそれを生業にしている牧師が宇宙人に見えるのは仕方がない。彼もキリスト教大学という特殊な環境に働く中で、いろいろ模索をしているのだろう。また、この手のエリートは、一般に聖職者なんかより宗教や歴史に関しても博識であることが多く、議論をしたところで知識、経験、年収、すべの点において負ける。だから私は「よろしくお願いします」と挨拶を交わし、妙な敗北感を感じつつエレキギターを持って礼拝堂に向かった。

大学からのリクエストは、ロックな牧師さんによるメッセージだった。キリスト教界隈ではロック牧師で名が通っている私だが、二十歳前後の大学生が私を知るはずもない。私がそこで何をしようとも、私は白い牧師ガウンを着てエレキギターを持ったアラフォーの変なおじさんにしか見られない。だが、私は変なおじさんになりに来たわけではないし、敏腕ビジネスマンにからかわれるために来たわけでもない。さらに本音を言えば、大学生をクリスチャンにしようという魂胆もない。ただ、ぶっ壊したいだけなのだ。何を？　誰もキリスト教なんかに興味がないのに、建前だけで学生が集められているシラけた礼拝をぶっ壊したいと、本能がうずくのだ。

私は必死に神に祈った。「神様、怖いです。こんなに大勢の若者たちに神の希望を届ける自信がありません。失敗するのが怖いです！」と。そして、聖書の一節を自分に言い聞かせた。「大丈夫だ、からし種一粒の信仰があれば山も動かせるんだ。神を信じるんだ。きっとうまくいく……はずだ」と。

いざ礼拝堂に立つと、目の前には八百人の大学生が見るからにダルそうな顔をして座っている。そして教職員も職務のためだけにその場にいることがヒシヒシと伝わってくる。場が死んでいる。礼拝堂が死んでいるのだ。十字架の前に八百人もいながら、誰もそこに、何の意味も見い出してはいないのだ。

私は意を決して思いっきり歪んだギターをかき鳴らし、「QUEEN」の名曲「We will Rock you」を奏で始めた。ここで相手の顔色を伺ったりしたら負けだ。私は、さらに一歩踏み込んだ。

「おい、教職員たち！　この曲好きだよな?」「ストレスフルな職場で興味もない礼拝に来させられて窮屈だろ?　その魂を解放しろ！」

すると、教職員たちはエレキギターに合わせて「We will we will Rock you!」と歌い出した。だが、聖職者はもっともっと踏み込まなければならないのだ。「おい学長、もっと歌え！　そうしないと後で懺悔部屋に呼び出すぞ！」と煽りまくった。学生たちは、どっと笑い出した。

八百人の学生の心が動き出した。私はここでリスクを背負って、もう一歩踏み込み叫んだ。「学生の皆、わかっているよ！　キリスト教の授業で礼拝出席レポート出さなくてはいけないから義務だけでここに来ていること。知っているよ！　キリスト教の礼拝クッソつまんねーことも。だからさ、今日それをさ、俺とお前たちで変えないか?　キリスト教概論のレポート二千字だっけ?　いいよそんなに書かなくて。一行、キリスト教はロックだった！　と書いておけば単位取れるように俺が教授に言っとくからさ！　その代わり一緒に歌うぞぉ〜」と投げかけた。八百人の学生たちは「おおおお〜！」と総立ちで応えてくれ、牧師も教職員も生徒も、全員で「We will we will Rock You!」と大合唱となった。見れば広報の敏腕ビジネスマンも拳を振り上げて笑顔で叫んでいるじゃないか！

そして全員が一つになったところで、私は聖書のメッセージを語り祈りを捧げた。

「キリストは本来、しがらみや病で不自由にされていた人々を解放するためにやって来た。だから礼拝とは、ここにいる皆が解放される時間なんだ。OK、じゃあ最後に皆のために祈ります。神よ、今日こうやって十字架の前に大切な八百人の仲間たちと出会い、そして叫べた事を感謝します。けれども私たちには皆、魂の叫びがあります。就活で悩んでいる者、人間関係で悩んでいる者、学費が払えず本当に苦しい思いをしている者もいます。精神を病んでいる者や自分で命を断ちたくなるほど苦しんでいる仲間もいます。神よ、私たちをそのような苦しみから救ってください。キリストの名前によって、アーメン」

するとどうだ、全員が「アーメン！」と叫んだのだ。ここはもはや礼拝堂ではなくライブハウスになっていた。死んだ目をして集っていた礼拝出席者は熱狂するオーディエンスになっていた。感動的だった。

しかし、この喜びはすぐに不安に変わった。「ああ、やってしまった。学生は喜んだけど教職員は怒っているだろうな。もう二度と呼ばれないだろうな」と、小心者の私は思い始めた。

礼拝が終わると学長がやって来た。そして驚くことに、落ち込んでいる私に学長はこう言った。「礼拝で学生があんなに喜んだ顔を見た事がない！　そして本学創設百年の歴史の中で一番大きなアーメンの声だった！」と。

嬉しかった。前例や前提をすべてひっくり返し、目の前の人が喜んでくれ、礼拝が楽しいと感じてくれたのだ。だが、自分の信仰に自信がない私は次の瞬間虚しくなる。私が全身全霊で魂を振り絞ったとしても、学生たちが神を信じるようになったり、誰かが救われる事はないだろうと感じてしまうからだ。

牧師ガウンを脱ぎ折りたたんで、十字架と聖書をカバンにしまい、エレキギターを担いで帰ろうとした時、一人のおばあさんの姿が目に飛び込んできた。私の教会の会員、八十代のヨシミさんだ。足がとっても悪いのに、ヨシミさんは電車を乗り継いでこの礼拝にやって来てくれたのだ。そして大学の礼拝堂の出口に立ち、礼拝を終え授業に向かう学生たちに私の教会の案内ハガキを一枚一枚配っていたのだ。「私はね、今日お話ししてくれた牧師さんの教会の会員なの。とっても良い教会だから来週おいでなさい」と言いながら。

ジーンと熱い想いが込み上げて来た。私を応援するため遠くから電車を乗り継いで大学まで駆けつけ、聞いた事もないロックンロールな礼拝に参加してくれ、最後は学生たちに細々と声をかけてくれるなんて……。が、やはりまた同時に虚しさを感じてしまった。ＬＩＮＥやインスタグラムなどのＳＮＳの情報で動く今の学生たちが、教会のハガキをもらったところで日曜日に教会に来ることはないであろうと。

ところが、次の日曜日に奇跡は起きた。何と教会の礼拝が終わると先日の大学礼拝に参加していた女子大生が私の教会にやって来たのだ。

「牧師さん、先日大学礼拝にいた者です。あの日、キリスト教のレポートを書くためだけに礼拝に行ったのですが、とっても楽しかったです。最後に牧師さんが人間関係で悩み、精神を病みそうになっている人々のために祈ってくれた時、私のことだと思いました。実は最近、親が離婚していろいろあって私、鬱になってしまっていたんです。薬飲みながら学校行っているんですけど、辛くて、辛くて……。だから、あの日の牧師さんの祈りが嬉しかったんです。そんな思いでいたら、礼拝堂の外におばあちゃんがいて教会においでとハガキをくれたので今日来ました。なんか、ちょっと救われました」と彼女は言った。

何ということだ、私は神の奇跡を感じ鳥肌が立った。あの日、礼拝後にヨシミさんのハガキを受け取っても誰も教会になど来ないであろうと思った自分を恥じた。そう、奇跡は起こるのだ。そして聖書が記す通り、小さなからし種一つほどの信仰があれば奇跡は起こるのだ。強く揺るがない信仰など持てるはずないけど、からし種一粒、吹けば飛ぶくらい小さな信仰なら持てる。そしてそれは必ず大きな力になるのだ。神は私の願い通りの奇跡を起こしてはくれないが、私の願いを遥かに超えるような奇跡を見せてくれる。私たちはそれをほんのちょっと信じていれば良いのだ。本当にほんのちょっと、からし種ほど、目に見えないくらい小さくても良いとイエスは言うのだ。

奇跡は続いた。礼拝後、女子大生に続いてもう一人誰かが私に近づいていた。なんとなんと、大学の広報の敏腕ビジネスマンだ！

「関野牧師、今日も会えて良かったです！　謎が少し解けました。私はキリスト教に今まで触れた事がなかったし、神を信じても無意味だと思っていました。でも無意味に思うような事を人間が全力でやる時、そこに神はおられるのですね。うちの学生を導いてくれてありがとうございます。私もあのおばあちゃんにハガキを渡されて、今日、生まれて初めて教会に来ました」と、彼は笑顔で言った。

自分が牧師であるという事が嬉しくなった。彼が言っていることは本当だ。私がやっていることなど普通の人から見れば依然として無意味だろう。そして見栄や承認欲求の塊に溢れた社会で無意味な存在になるのは本当に苦しいことだ。けれども無から有をつくる神の技は人間の無意味さの中に働くのだ。その事を少しだけ、小さなからし種一つ分だけ信じられれば良い。私は聖書が言うように山は動かした事はないし、広報の彼のように十億円なんて一生動かす事などないだろう。でもこうやって人の心に触れ、人の心を動かせるのだから、これ以上幸せな事はない。だから今日も全身全霊で無意味に生きよう。意味なんて後で必ずついてくる。

**マタイによる福音書17章20節**

イエスは言われた。「信仰が薄いからだ。はっきり言っておく。もし、からし種一粒ほどの信仰があれば、この山に向かって、『ここから、あそこに移れ』と命じても、そのとおりになる。あなたがたにできないことは何もない。」

# 第十八話 プリーズ、頼むから教会に来ないで

「皆さん！　ようこそ教会にお集まりくださいました」

日曜日、私は満面の笑みを浮かべ百人の聴衆の前で語りかける。そして、キリスト教に興味を示す人には「いつでも教会においでください！」と伝える。しかし白状すると、それは半分は本音だが、半分は建前だ。

先週の月曜日、教会が休みの日、聖職者である身から解放されて遊びに行こうと思った。その瞬間だった。教会の電話がプルルルと鳴った。多くの人は「牧師なんだから出ろよ」と言うだろう。だが、ここで出るか出ないかは、大袈裟に言えば牧師の精神が破壊されるか否かの境目だ。

人々が勝手に描いている聖人君子を二十四時間三百六十五日無理して続けるか、それとも少なくとも週一回は聖職者の鎧を脱ぎ捨てて単なるダメ人間に戻るか、ここは人生を左右する分岐点。真っ白な牧師ガウンではなくて、革ジャンにスキニージーンズを着込み、関野和寛に戻

り新宿に遊びに行こう！　思いっきり電話を無視して教会を出ようとするが、鳴り続ける着信音が神からの呼びかけに聞こえてしまい無視できない。もしかすると「生きる希望を無くして今から自殺します」なんて相談かもしれない。

気がつけば電話に出ていた。私はなかなか良い牧師である。すると、中年らしき男性の声で「今、教会の前にいるんですけど、教会見学させてください」と言う。いきなりノンアポ、しかも、もう教会の目の前にいるだと。何と図々しい！　私は怒りを感じていた。

他人は「教会なんだから開けてやれよ」と言うだろう。だが、コンビニだって休日をとる時代、二十四時間いきなり飛び込んでもOKなのは交番くらいじゃないか。不機嫌な気分を全力で隠しながら、私は教会のドアを開けた。するとそこには高校生くらいの男の子と父親らしき中年男性が立っていて、「わたしはルーテル教会の○○先生に三十年くらい前からお世話になっていたんです。××先生とは大学時代の先輩後輩の関係で！」と言う。よくある遠い人間関係の説明、はっきり言って私にはどうでもいいし一切興味はないのだ。「すいません、今日休みなので早く見て早く帰ってください」と言いたいのをグッと抑えて、「どうぞご覧くださいー」と言った。

礼拝堂を一通り見た後も、そのお父さんはあのオルガンがあーだとか、ステンドクラスがどーだとか、延々と話し続ける様子なので、辛抱できなくなった私は「すいません、実は今日休日でして……」と二人を帰した。情けなく思うかもしれないが、これが現実の私だ。

だが、私には大事な事が見えてなかった。この二人が、特に一緒について来た高校生がなぜ教会に来たか、その事が一切見えていなかったのだ。翌日、先輩牧師から電話があった。昨日いきなりやって来たお父さんが言っていたルーテル教会の○○先生だ。

先輩は「関野牧師、申し訳なかった。昨日私の友人の親子がそっちに行ったでしょう？　急で申し訳なかった。でも関野牧師が忙しいのに対応してくれたと言って喜んでたよ。あの高校生の男の子、実は関野牧師のファンで君のバンド『牧師Rocks』も聞いてるそうだ。将来ルーテル教会の牧師になろうと思ってるんだって」と言うではないか。「だったら早く言ってよ～！」私はそう叫びたかった。親父の方はともかく、あの高校生がそんな想いでやって来たのだと知っていたら、あんな塩対応ではなく「よく来たね～！」とか言って、いつものように牧師モード全開で歓迎できたのに。

あの高校生は、今でもルーテル教会の牧師になろうと思っているだろうか。もし迷っているとしたら、あの日私が「早く帰れ！」オーラ全開で対応した事が原因だ。

私は改めて思い知らされた。いかに私には物事が見えていないかということを。人は偏見や色眼鏡で、自分の価値判断で自分の見たいものだけを勝手な角度で見る。そもそも自分の顔さえも自分の肉眼で見ることはできない存在なのに、歪なバイアスをかけて世情や他者を見て、そして見たこともない神を語っている。なんたることか。

聖書を読むと、イエスの弟子たちこそ、どうしようもないほどにイエスが見えてなかったことがわかる。イエスが十字架で処刑された時に弟子たちは蜘蛛の子を散らしたように全員逃げ出した。そしてイエスが三日後に復活したと聞いても誰も信じなかったのだ。そう、つまり一番イエスの傍にいた者たちこそ、イエスの真の姿が見えてなかったのだ。

イエスは生前から自分が人々の罪を背負うために十字架にかけられる事、そして三日後に復活する事を、何度も弟子たちに直接話していた。だが、弟子たちはイエスをそうは見ていなかった。病の人々を片っ端から癒し、権力者たちを黙らせるキレッキレッの演説をするカリスマの姿ばかりを見ていた。

弟子たちは、自分たちが見たい将来を見ていた。このイエスが新しいユダヤの王になり、そして自分たちがその王国の大臣になるという未来を。だから、イエスがいきなり逮捕され、裁判で断罪されて死刑判決を受ける姿、そして何も抵抗できず、権威者たちからリンチを受け、素っ裸にされて他の受刑者たちと十字架にかけられ殺される姿など想像できなかったのだ。

当然ながら、そのイエスが復活するという事など理解できるはずもない。何度も事前にイエスからその事を直接聞かされていたのにだ。私たち人間には見えない、真実が見えないのだ。自分自身の顔さえ直接見る事ができないのだから、神の姿など見えるはずがない。それが人間だ。だからこそ、復活したイエスはそのような弟子たちを追いかけて行く。

イエスが復活した数日後、二人の弟子たちはエマオという村へ向かっていた。イエスが殺されたエルサレム近辺にいれば、自分たちも残党狩りにあうかもしれない。もうイエスの弟子ではないのだから、帰って家業を継ごうと実家に戻る途中だったのかもしれない。いずれにせよ、イエスは旅人に扮してこの弟子たちを追いかけ、一緒に歩き始める。

だが、弟子たちはそれでも気がつかないのだ。気がつかないばかりか、イエス本人に「あの十字架で殺されてしまったイエスという人が復活したという噂を知らないのか⁉」と説教さえしてしまう始末だった。釈迦に説法、イエスに説教、人がいかに盲目になるかを聖書は見事に示している。

仕方がない、人だから。一人ひとりが持っている偏見や視点も神が与えたものだと私は思う。だから聖書はどこを見るべきかを教えてくれる。「煌びやかな神殿、寺院ではなく、野の花、空を飛ぶ鳥を見ろ！　なんの計算もしなくてもあんなに今を生きているではないか」「旅人をもてなせ、病気の者のお見舞いに行け、誰かが牢屋にいるなら訪ねて行け、そこに神がいるのだから」と。

本当にその通りだ。人間は見かけや偏見で物事をはかり、かつ自分の基準でしか現実を見ない。あの日、教会に来た牧師になりたがっている高校生を塩対応で返してしまう私がまさにそうだ。けれども、それでもこの世に宿る小さなイエスに出会いたいから、聖書の言葉に従いイエスに出会いに行く。拘置所にだって、コロナ病棟にだって、夜の街にだって、どこにだって出かけて行く。こんな私でも、それでもそこで小さなイエスを見つけたいからだ。

私たちに今必要なもの、本当に大切なものは、私たちが見逃しているだけで実は目の前やすぐ側にある。深呼吸をし、視点を変えて、小さな神を探しに行こう。そのために教会に来てくれてもかまわない。ただし私の休日を避け、アポイントメントだけはとってほしいのだ。アーメン。

**ルカによる福音書24章13—26節**

ちょうどこの日、二人の弟子が、エルサレムから六十スタディオン離れたエマオという村へ向かって歩きながら、この一切の出来事について話し合っていた。話し合い論じ合っていると、イエス御自身が近づいて来て、一緒に歩き始められた。しかし、二人の目は遮られていて、イエスだとは分からなかった。イエスは、「歩きながら、やり取りしているその話は何のことですか」と言われた。二人は暗い顔をして立ち止まった。その一人のクレオパという人が答えた。「エルサレムに滞在していながら、この数日そこで起こったことを、あなただけはご存じなかったのですか」イエスが、「どんなことですか」と言われると、二人は言った。「ナザレのイエスのことです。この方は、神と民全体の前で、行いにも言葉にも力のある預言者でした。それなのに、わたしたちの祭司長たちや議員たちは、死刑にするため引き渡して、十字架につけてしまったのです。わたしたちは、あの方こそイスラエルを解放してくださると望みをかけていました。しかも、そのことがあってから、もう今日で三日目になります」「ところが、仲間の婦人たちがわたしたちを驚かせました。婦人たちは朝早く墓へ行きましたが、遺体を見つけずに戻って来ました。そして、天使たちが現れ、『イエスは生きておられる』と告げたと言うのです。仲間の者が何人か墓へ行ってみたのですが、婦人たちが言ったとおりで、あの方は見当たりませんでした」そこで、イエスは言われた。「ああ、物分かりが悪く、心が鈍く預言者たちの言ったことすべてを信じられない者たち、メシアはこういう苦しみを受けて、栄光に入るはずだったのではないか。」

# 希望の章

# 第十九話――あなたの謙虚さは超傲慢

「あなたは絶対に牧師になれない」「チャラチャラして、なんかフワフワしている。あなたが牧師になって大丈夫なの?」牧師になると決めた時、周りの人々が私に言い放った言葉である。牧師になってからも人々はいろいろなことを言ってくれた「関野牧師は社会を知らないから」とか。「なるほど! でも私、社会知らなくても世界を知っているんで、かまいませーん!」溜め込むとストレスになるのでその場でユーモアを交えて言い返す。

他人の評価などに耳を傾けたり感情を左右されるのは、時間と労力の無駄だ。あなたの生き方にアーダ、コーダと口出ししてくる人がいると思うが、相手にしなくていい。尊敬できる指導者(メンター)が一人、また自分の落ち度をしっかり指摘してくれる友人が一人いたらそれでいい。そして自分を唯一の存在としてつくってくれた神の存在を感じていれば、もう何も怖くはない。あなたをつくったのは神だ。上司やら教師に、あなたの何がわかるというのか。神が今日あなたに望んでいる事があるのだから、そのために与えられた時間と力を使ってほしい。

聖書の中に、ある主人が自分の三人の使用人に財産を預けて旅に出る物語がある。聖書ではタラントンという貨幣単位が使われているが、これはタレントの語源にもなっている。芸能人などを表すタレントとは、与えられた才能という意味でもある。聖書によれば誰にでもタレントが与えられていて、誰もが自分の人生において主人公であり、最大限の才能を発揮するのだ。だから私は自分の人生において口出しをしてくる脇役には、たとえ相手が誰であろうと退場してもらえばいい。

聖書の中の主人は三人の使用人に、それぞれの能力に応じて一人目に五タラントン、二人目に二タラントン、そして三人目に一タラントンを預ける。それぞれの使用人の能力、そして与えられたタレントが平等でないところがミソだ。実は聖書の記述内容は不平等で、きれい事を言っていない。だから私は聖書を信頼している。

さて、財産、タラントンを預けられた三人の使用人たち。最初の二人は与えられた財産と自分の能力をフルに使い財産を倍に増やした。長い旅から帰ってきた主人は、彼らの報告を聞いて喜び、さらに大きな仕事を任せる。だが三人目、一タラントン預かった者が主人に報告にくる。この使用人はその財産を元手に事業を行わなかった。その言い訳は、主人が失敗を許さない厳しい人物だから、怖くてお金を地面に埋めておいたというものだった。言い訳はわかるが、彼は他の二人に嫉妬し、どこかで自分を卑下していたのではないか？

「二人はそれぞれ五タラントンと二タラントンの財産を預かっているのに、自分はたったの一タラントンではないか。主人は私の能力を低いと見做している。どうせ自分なんて……」

　確かにこの三番目の男は屈辱を味わっていたはずだ。でも、一番低い期待と財産しか寄せられなかった彼が成功すれば番狂わせが起こる。これはひとつのチャンスだったのだ。だが、この男は何もせず自分のタラントン、才能、能力を一切使わず土の中に埋めて隠しておいたのだ。ちなみに、一タラントンは現在の貨幣価値だと約一千万円相当だ。主人が彼に託した額は大きなものだった。だが、彼は他人と自分を比較し、自分をディスカウントしてしまった。私たちは自分の価値をあっという間に見失う。しかもその基準が他人との比較、他人からの評価なのだから悲しい。


　私も今でも毎日のように、多方面から批判されたり、みくびられたりする。気にしないようにしてはいるが、正直なところそうはいかず外野の声に心は支配されて自信を失っている。自分を卑下しているのは実は私自身なのだ。そして自分をジャッジする私もまた、他人を低くジャッジしてしまう「あの人はこういう人だから」と。まったく小さな人間だ。

　ある時、私の教会に精神の錯乱した見ず知らずの男がいきなり駆け込んできた。脂汗をかきながら「統合失調症をもっています。何だか誰かに殺される気がして怖くてたまらない。もうその前に自分を殺してしまおうかと思っているんです。助けてください！」と、必死に助けを求めてきた。日本の精神保健福祉法では自傷、他害の危険がある者は措置入院が適用される。私は都内の入院病棟がある精神科に連絡をして彼を外来に連れて行った。ところが、すぐに措置入院となると思いきや、あろうことかこの男は診察室で医師を罵倒し始めた。「お前みたいなヤブ医者に何がわかるんだ！　お前みたいな奴がいるから私はこんなになったんだ！」

医者はそれでも冷静に「あなたは自死を選んでしまいそうな不安がありますか？　もしそうだったら入院が必要です」と聞くが、男はさらに怒鳴り返す「だからお前みたいな医者にできる事はないんだよ、馬鹿野郎！」

「そうですか、ではお帰りください」男は帰されてしまった。

これが現実である。だが、病院を出ると男は「やはり一人になると死にたくなる。線路に飛び込んでしまいそうだ」と、また不安そうにそわそわし始めた。なんだか振り回されマニピュレートされている気がするが、関わってしまったのだから男を街に残して去るわけにはいかない。この状況では警察は動いてはくれないが「自殺危機の男を保護している」という連絡を入れて相談記録を残し、その晩は教会に泊めて次の日に他の病院に連れて行く作戦にでた。だが、一晩中彼から目を離すわけにはいかない。

教会内の刃物や花瓶など、凶器になりそうなものをすべて隠し男を教会に入れる。だが男はずっと廊下を行ったりきたりしそわそわしている。一晩中一対一で相手にしていたらこっちの身がもたない。私は牧師見習いの後輩に電話をした。彼は百キロぐらいあるプロレスラーのような男で、いざという時にこの上なく頼りになる。

彼は「わかりました、すぐに行きます」と、二つ返事で承知してくれた。するとその時、寮で彼と同室で生活をしているもう一人の牧師見習いの後輩が「私も行かせてださい！」と申し出てきた。私は断った。彼は優しい性格の持ち主だが、痩せていて運動もまったくせず、三十歳にしてバイトも一度もしたことのない草食系男子。役立たずどころか足手まといになると判断したからだ。だが、一時間後にプロレスラー系の後輩と共に草食系の彼も一緒に来てしまったのだ。

仕方がなく彼を加え、私たち三人は三時間交代で一人が自殺する危険のある男を見守り、他の者は仮眠をとることに決めた。既に疲労困憊だった私は、まずプロレスラー系の後輩に任せて仮眠をとった。だが、不安ですぐに目が覚める。そしてふと横を見ると、なんとプロレスラー系の後輩はグースカいびきをかいて寝ているではないか！

「男を一人にしたら自殺してしまうかもしれない。危険だ！」急いで男がいる部屋に向かうと、そこでは草食系の後輩が男と熱く議論をしていた。

聞くと二人は共に西洋美術マニアであり、レンブラントやゴッホの作品について熱く語り合っていたのだ。「彼、詳しいですよ！」と男は微笑んでいた。私は後輩に男を任せ、仮眠室に戻った。草食系の後輩は、結局朝まで徹夜で男と語り明かしてくれたのだった。

私は、一晩徹夜してフラフラになっていた男を朝一番で病院に連れて行った。診察してくれたのは若い女性の医師だった。男は笑顔で私に「この先生、素敵だね！」と言ってきたから「入院すれば毎日先生に会えますよ！」と返答した。昨日まで怒鳴りまくっていた彼は、この二日間自殺願望に襲われ街を彷徨《さまよ》った、教会に泊まり徹夜で西洋美術について話し込んだがまだ不安だ、安心して休みたいなどと話し、入院となった。昨日の混乱が嘘に感じるほどの、奇跡のような朝だった。

男が危機から脱し一安心。そして私は草食系の後輩に「本当にありがとう、君のおかげだよ」と感謝の言葉をかけた。期待していたプロレスラー系後輩はすぐに寝てしまって、まったく期待していなかった草食系の後輩が男を救った。彼に秘められた力、才能が発揮された夜だった。そしてこの力は神が彼に与えたタレントだった。

はっきり言えば、彼に対する周囲の評判はあまり良くはない。皆が彼を頼りないと言うし、私もそう思っていた。だが侮ってはならない。神がすべての人にその人にしかできない力、才能、タレントを与えていることを絶対に侮ってはならない。

特に日本人は「私なんて本当に何もできなくて」「いや私よりもっと凄い人がいるから」などと、一見とても謙虚そうにものを言う。でも、それは謙虚に見せかけた傲慢だ。だってあなたは神がつくった唯一の存在なのだ。だから何もできないじゃなくて何かやれ！　もうすでに輝いているのだから。贈物をする時も「つまらないものですが宜しければ」などと過剰にへり下る必要もない「私が良いと思って選びました！」でいいではないか。

そして他人をみくびるなかれ。役立たずに見える者、他人と違う迷惑なまでの個性を持つ者こそ神がつくった芸術なのだ。そしてその芸術作品が誰かの魂を救うのだ。それがアートなのだから。今日も私は最高だ。今日こそ人生の中で絶頂、最高に輝ける日だ。もちろんあなたも。

---

**マタイによる福音書25章14―30節**

「天の国はまた次のようにたとえられる。ある人が旅行に出かけるとき、僕たちを呼んで、自分の財産を預けた。それぞれの力に応じて、一人には五タラントン、一人には二タラントン、もう一人には一タラントンを預けて旅に出かけた。早速、五タラントン預かった者は出て行き、それで商売をして、ほかに五タラントンをもうけた。同じように、二タラントン預かった者も、ほかに二タラントンをもうけた。しかし、一タラントン預かった者は、出て行って穴を掘り、主人の金を隠しておいた。さて、かなり日がたってから、僕たちの主人が帰って来て、彼らと清算を始めた。まず、五タラントン預かった者が進み出て、ほかの五タラントンを差し出して言った。『御主人様、五タラントンお預けになりましたが、御覧ください。ほかに五タラントンもうけました。』主人は言った。『忠実な良い僕だ。よくやった。お前は少しのものに忠実であったから、多くのものを管理させよう。主人と一緒に喜んでくれ。』次に、二タラントン預かった者も進み出て言った。『御主人様、二タラントンお預けになりましたが、御覧ください。ほかに二タラントンもうけました。』主人は言った。『忠実な良い僕だ。よくやった。お前は少しのものに忠実であったから、多くのものを管理させよう。主人と一緒に喜んでくれ。』ところで、一タラントン預かった者も進み出て言った。『御主人様、あなたは蒔かない所から刈り取り、散らさない所からかき集められる厳しい方だと知っていましたので、恐ろしくなり、出かけて行って、あなたのタラントンを地の中に隠しておきました。御覧ください。これがあなたのお金です。』主人は答えた。『怠け者の悪い僕だ。わたしが蒔かない所から刈り取り、散らさない所からかき集めることを知っていたのか。それなら、わたしの金を銀行に入れておくべきであった。そうしておけば、帰って来たとき、利息付きで返してもらえたのに。さあ、そのタラントンをこの男から取り上げて、十タラントン持っている者に与えよ。だれでも持っている人は更に与えられて豊かになるが、持っていない人は持っているものまでも取り上げられる。この役に立たない僕を外の暗闇に追い出せ。そこで泣きわめいて歯ぎしりするだろう。』」

# 第二十話　「私は特定の宗教には属していませんが」ってヤバくね？

「私個人は特定の宗教に属していませんが、関野牧師のお話を聞きに教会に行ってきました」ちょっと嬉しく、ちょっぴり悲しいコメントをインターネット上でよく見かける。「私個人は特定の宗教に属していない」と前置きして、自分は怪しい人間ではないとアピールしたい理由はよくわかる。特に一九九五年、新興宗教オウム真理教が起こしたテロ事件により、宗教は危険、宗教は怪しいと言う風潮が国全体に刷り込まれてしまった。

だから人々は「私は特定の宗教に属していない」と前置きせざるを得ないのだ。いきなりピンポーンッと家にやって来たり、駅前で世の終わりだなんだと言っている宗教団体の怪しさは、宗教者である私でも感じる。先日は十年も会っていない高校の同級生から、いきなり三日間十六万円の自己啓発スピリチュアルセミナーに誘われた。彼は、完全に洗脳されていた。

「私、関野はそのような団体とは関係ない、私は伝統ある、真っ当なキリスト教団体に属している！」と主張しても、ハタから見れば所詮私も怪しい宗教家の一人なのだろう。

ところで、大統領就任式でも聖書の上に手を置いて宣誓が行われるアメリカは、キリスト教国と思われているが実際はそうではない。クリスチャンの人口は四割前後と言われているし、その多くはシニア世代で若い世代は教会になど行かない。教会に行かないどころか、相次ぐ宗教者による性的虐待、宗教が起こす紛争や矛盾に嫌気がさしている。彼らの多くは「I am not religious, but spiritual（宗教には興味がないけれど、精神性、魂は大事にしているよ）」と言う。神を求めること、祈ること自体は尊いと誰もが感じつつも、残念ながら人が運営する宗教団体には必ずトラブルが起きる。

アメリカで病院付き牧師、チャプレンとして働いていた時、私はコロナの隔離病棟で患者さんが塞ぎ込み鬱状態にあるから来て欲しいとリクエストを受けた。全身をウィルスから守る防護服に身を包み、「チャプレンです、あなたに会いに来ました」と部屋に入っていくと、患者である中年男性は「いや、昔は教会に行っていたけれど、キリスト教には失望したんだ。帰ってくれ」と私を拒んだ。

このようなアメリカ人はたくさんいるし、毎日多くの患者さんに「宗教はごめんだ」と言われているから特に驚きもしないし、嫌な気持ちにもならない。「そうでしたか。私は牧師ですが、人としてただあなたに会いに来ました。よかったらお話を聞かせてくれませんか?」と言うと、彼は一瞬キョトンとした表情になった後、訥々《とつとつ》と身の上話をし始めた。

彼はずっと仕事がうまくいっていなかった。そんな中でコロナパンデミックが世界を襲い、経済に大打撃を与え、彼は職場から解雇されてしまったのだ。彼はまた、同時に夫婦問題を抱えていたのだが、金の切れ目が縁の切れ目、失業したことで妻にも見限られ、妻は家を出て行ってしまった。さらに、両親の不仲に苦しめられていた息子たちは「家族が壊れたのは全て父親のせいだ」と言って、彼らもまた家を出てしまったのだ。そんな最中、彼自身がコロナウィルスに感染し重症化、入院を余儀なくされたのだった。そして、追い討ちをかけるように、入院中の彼に出て行った息子から電話があり、「もう父さんとは二度と会わない」と絶縁を突きつけられてしまったのだ。コロナパンデミックから始まり、彼は仕事も家族も、そして自分の命さえ失いそうになっていたのだ。その究極の孤独と痛みを、彼は号泣しながら私に話してくれた。

最初に「宗教には失望しているんだ、帰ってくれ」と言った彼だが、気がつけば一時間以上も私に苦しみを話してくれた。私は防護服を着たまま、ただずっとそこで耳を傾けていただけだ。だが、最後に彼は少し微笑んでこう言ってくれた「こんなコロナ室でこんなにも話を聞いてくれてありがとう。たとえ時間がかかろうとも家族の絆を取り戻せるようにベストを尽くすよ。チャプレン祈ってくれないか？」

彼はクリスチャンか、それともスピリチュアルか？　言葉にする必要などない。

そもそも宗教を表す「religion」とは「結び合わされる」という意味の言葉である。神を見失った者が再び神と出会う事が宗教であるし、また神でなくともその人が人生の中で一番大切にしているものと結びつきを求めて生きる事が宗教であるとも私は思っている。そして、ある人は自然との結びつきに重きを置き、ある人は家族を愛する事に全生涯を捧げている。病院で看取った多くの人々が「天国で家族と絶対に再会したい」と語ってくれたが、それもまた宗教だ。たとえ自分の人生が終わっても、それでも繋がっていたいと思う何かがある、誰かがいる、それこそが宗教心であり、スピリチュアルなのだと私は思う。

この大いなるものとの繋がりをダイナミックに描いた聖書の物語がある。

一人の女性が婦人科系の病であろうか、十二年間も出血が止まらず苦しんでいた。どの医者に診てもらっても癒されない。彼女は全財産を治療に注ぎ込むが、一向に良くならず悪くなる一方だった。彼女を救えないのは医学だけではなかった。当時の宗教規則では、このように出血をもよおしている女性は汚れた存在とされて、罪人のレッテルを貼られ差別されていた。

医学にも宗教にも見放され、彼女は一文無しになり路上で物乞いをしていたのかもしれない。このような場合、家族からも見放されることも往々にしてあったのだ。もしそうだとすれば、彼女にはもう何もない。希望も未来も何もなかったのだ。

だからこそ、彼女は死にもの狂いでイエスに手を伸ばしたのだ。医学や宗教がダメならもうこのイエスという奇跡の人しかいない。だが、彼女は汚れた罪人というレッテルを貼られているから、イエスに声をかけることもできない。だから彼女は、後ろからイエスの服をそっと触った「せめて神の子の服の端でも！」とてもリスキーかつ勇気のいる行動だった。

するとどうだ、イエスの服に触れた途端、彼女の中にエネルギーが溢れ出し彼女は瞬時に癒されたのだった。

その勇気ある行動、死にもの狂いの最後の一手を「あなたの信仰は凄い。あなたのその信仰があなたを救ったのだ。安心して行きなさい」とイエスは言い、彼女が失っていた平穏な生活に送り出したのだ。彼女は別にクリスチャンになったわけではない。だが、イエスは彼女の信仰を最大限に誉めた。

宗教とは何に向かって手を伸ばしているのか、その魂が何と結ばれるかだ。別に何々教に属する事が宗教そのものではない。「私は特定の宗教に属してはいませんが」というあなたに問う。あなたは人生の最後に何に向かって手を伸ばすのか？　そして、その最後の時にあなたの手を握ってくれる人はいるだろうか？

**マルコによる福音書5章24―34節**

そこで、イエスはヤイロと一緒に出かけて行かれた。大勢の群衆も、イエスに従い、押し迫って来た。さて、ここに十二年間も出血の止まらない女がいた。多くの医者にかかって、ひどく苦しめられ、全財産を使い果たしても何の役にも立たず、ますます悪くなるだけであった。イエスのことを聞いて、群衆の中に紛れ込み、後ろからイエスの服に触れた。「この方の服にでも触れればいやしていただける」と思ったからである。すると、すぐ出血が全く止まって病気がいやされたことを体に感じた。イエスは、自分の内から力が出て行ったことに気づいて、群衆の中で振り返り、「わたしの服に触れたのはだれか」と言われた。そこで、弟子たちは言った。「群衆があなたに押し迫っているのがお分かりでしょう。それなのに、『だれがわたしに触れたのか』とおっしゃるのですか」しかし、イエスは、触れた者を見つけようと、辺りを見回しておられた。女は自分の身に起こったことを知って恐ろしくなり、震えながら進み出てひれ伏し、すべてをありのまま話した。イエスは言われた。「娘よ、あなたの信仰があなたを救った。安心して行きなさい。もうその病気にかからず、元気に暮らしなさい」

## 第二十一話　カレンダーなしで生きてみよう

私がアメリカ、ミネソタ州の病院でチャプレン（病院で働く聖職者）をしていた時、特に辛かったのは一日に何人もの患者さんの死を看取らなくてはならない事だった。時には午前中だけで三人の患者の最後を看取ることもあった。しかも、三人と言ってもコロナウィルスによる死、ガンによる死、そしてドラッグのオーバードーズで少年が息を引きとる場面であったりする。それぞれの終わりがあり、そこにはそれぞれの家族の悲しみがある。そのような感情の大洪水を自分一人で受け止められるはずもなく、私は何度も燃え尽きそうになった。だがその都度、私の心のケアをしてくれたのは、同僚であるアフリカのソマリア人、イスラム教徒のチャプレンジョージだった。

母国の内戦や難民体験など壮絶な人生を経てきたにも関わらず、誰よりも大きくて温かな心を持ったジョージは、私の話を聞くと「ハッハッハッ！　カズ、人は生まれて、食べて、うんこして、働いて、寝て、いつか死ぬんだよ。それは絶対に変わらない。そんなに悩むなって！」

と言った。彼がそう言ってくれると、何だかアフリカ大陸に自分が守られているような気にさえなった。

だがそんなジョージに、ある朝私はつかみかかっていた。

「おい、ふざけるなよ！　昨日俺が頼んでおいたコロナ患者を今日の朝訪ねるって、お前は約束したじゃないか！」と怒る私に、「まあ、まあ、焦るなよ！」とジョージ。

その前の晩、私が当直で病院に泊まり込んでいた時の事だった。夜中にポケベルでコロナ病棟に呼ばれたのだ。駆けつけると、ナースに「ソマリア人チャプレンは今晩いますか？　ソマリア人のコロナ患者がいるんですが、肝炎も見つかり同時に治療をしなければならないんです。でも本人が治療を拒んでいて、説得して欲しいんです」と言われた。

ミネソタ州には多くのソマリア移民が生活しているが、彼らの多くは西洋医学に不信感を持っていて、病院に行ったり薬を飲むことを拒否する者がたくさんいる。「白人たちが黒人を人体実験に使っている」とか「薬を飲むと一生飲み続けなければならない」といった噂が信じられているのだ。だが、入院中のコロナ患者の治療となれば命にも関わる。

時計を見ると夜の十時だった。今からソマリア人チャプレンのジョージを呼ぶのは、さすがにはばかれる。「今晩は私しかいませんが、同僚にソマリア人チャプレンがいて明日来るので、明日の朝イチでもいいですか？」と聞くと、「助かります。お願いします」とナースは了解した。私は急いでジョージに電話をすると、彼は明日の早朝そのコロナ患者を訪ねると約束してた。

くれていたのだ。

多人種多文化の国において様々な人々の命を守るには、こうした連携が不可欠だ。私は患者のことが気になりながらも、その晩は二人の患者の最後を看取り、二時間ほど仮眠をとって翌朝を迎えた。そして、やって来たジョージに例のソマリア人コロナ患者の所に行ってくれと言うと、ジョージはなんと「午前中は忙しいから午後に行くよ！」と言ったのだ。

緊張の糸が切れ、私はジョージにつかみかかり「おい、昨日の夜電話しただろ！　患者もナースも君が必要なんだよ！」と怒鳴った。だがジョージは「まあ、まあ、焦るな」と笑っている。私は本当に呆れ果てて上司に報告し、「後はもう自分に責任はない！」とかなんとか言って自分の怒りをおさめようとした。だがコロナで苦しむ患者、そして困っているナースはどうなるのか不安は消えなかった。

私の所属するチャプレンチームは、十二人の最強で最高の多国籍、他宗教チームだ。しかし最高最強ではあったが、その反動で時々起きるチーム内の衝突は大きかった。特に日本人である私は、アフリカ人チャプレンたちの時間感覚がどうしても理解できなかった。まず約束の時間を守ってくれない。朝の朝礼は終わる頃に来るし、緊急呼び出しのポケベルも二十四時間、三交代のシフト制をとって全員で回すのだが、ジョージは「今、ポケベル誰だっけ？　俺？」といった調子だ。その都度、私はイライラした。五分前行動の日本文化の中で育ってせっかちな私は、彼らの時間感覚が許せなかった。

だが、それでも私はジョージをはじめとするアフリカ人チャプレンたちを嫌いにはなれなかった。彼らの人生に対する圧倒的な畏敬が根底にあったからだ。内戦下のソマリアに生まれたジョージは、目の前で両親を殺されている。そして幼くして親戚とともに、ケニアやエチオピアの難民キャンプでの生活を強いられた。彼はそこで必死に読み書きを覚え、自分を導くアッラーの存在を信じ、将来はイスラム教の聖職者になろうと決意する。その後も彼は難民申請をしてパキスタンに移り、そして聖職者になるためにエジプトの大学を目指す。だがエジプトで難民申請が下りず、四年間も待機させられた。その間必死にコーランを学び、エジプト入国後八年をかけて大学を出たのだ。そして親戚に呼び寄せられ、ここアメリカのミネソタ州に移住する。英語が話せないジョージは、田舎にある食肉工場の冷蔵庫のような倉庫の中で一日中七面鳥を解体しながら働き続けた。そしてやっとアメリカの市民権を得て、イスラム教の聖職者として生活ができるようになったのだ。

それに比べて、この私はどうだ。それなりに苦労はあったものの、生まれながらにして衣食住に困ったこともなく、親に学費を出してもらい当たり前のように大学を出て牧師になった。私などジョージの足元にも及ばない。けれども、時間や患者の命に関わる約束を守らないことはそれとは別だ。私はずっとイライラしていた。

だが、思いもよらない結末が訪れた。その週の終わりのスタッフミーティングの時だった。なんと、ジョージはあの日の午後もコロナ病棟にソマリア人患者に会いにいかず、彼が患者に面会したのはその四日後だったことがわかった。しかも驚くべきことに、それはベストタイミングだったのだ。

ジョージが訪れたその日は、患者がコロナウィルスによる苦しい症状の峠を越えた日であり、ちょうど会話ができるようになったタイミングだったのだ。そして、ジョージはその患者にソマリア語で肝炎の治療が必要であること、病院を信頼すればちゃんと回復するということを伝え、患者はそれを受け入れて治療が始まったのだった。

私は悔しさと驚きが入り混じりつつも、目の前に大河のようなゆっくりとした時間が流れていて、ジョージはそれを本能で感じながら生きているように思えた。そして、そのような大きな時を生きていたイエスの姿が聖書の言葉とともに私の心に迫ってきた。

ある時、イエスと親しかったラザロという男が病気で死の淵で苦しんでいた。病院などない時代、貧しいラザロとその家族はイエスだけが最後の頼りだった。だが、イエスはラザロのもとに駆けつけてはくれないのだ。特段忙しかったわけではないのにイエスは少し離れた村に滞在し続けていたのだ。

イエスは、数日後にラザロのもとへ向かう。しかし、時は既に遅かった。ラザロは息絶えていて、既に墓に埋葬されていた。イエスに絶大な信頼を寄せていたラザロの姉妹マルタもマリアもイエスに失望していた。姉妹は「なぜ、助けに来てくれなかったのですか⁉」とイエスを責めた。だが、イエスはラザロが葬られた墓場に行き、「墓石をどけなさい！」と言う。呆れ果てたマルタが「何を言っているんですか？　もう死後四日ですよ！　腐って匂いますよ！」と応える。だがイエスは、「私を信じろ！」と言って墓石を動かさせ、ラザロの遺体に「ラザロよ出て来なさい！」と呼びかけるのだ。

するど、布に巻かれたラザロが墓から出てきたのだ。イエスが見せたのは病が殺せない命であり、そして人間が定めた終わりは神にとって始まりなのだという神秘だった。聖書ではクロノスとカイロスという時間を表す二つの言葉がある。クロノスは時計で測れる人間が定めた時刻、二十四時間、三六五日、あるいは何時何分といった概念だ。一方、カイロスは人間の尺度では測ることのできない時の流れだ。長い短いではなくて深さと広さを持つ神の時を表す。私たち、特に折り目正しい日本人は、このクロノスで生きている。そしてクロノスでイライラする。話の長い上司、時間通りに来ない電車、遅れる納品……、数日、数分の誤差に感情を乱される。はっきり言ってそれは貧しい生き方だ。

一方、カイロスはいつ何が起きるかわからない神の時だ。自分の理性ではついていけない出来事の連続、愛する人を亡くし永遠に続くような喪失、けれどもそれらから解放される瞬間的な誰かや景色との出会い等々、理屈を超えて命に刻まれていく時である。それは限りなく豊かな時もあり、逆に予測ができないが故に不安な時でもある。

ジョージたちアフリカ出身のチャプレンたちは、このカイロスの時を楽しんで生きているように感じた。カレンダーやシフト表も見ない、天気予報も一度も見たことがないチャプレンもいる。それは異文化だからではなくて、家族や国を亡くした彼らが時は数えることができても自分ではコントロールできないということを知っているからだ。彼らは、大きな命の時にゆったりと身を委ねながら生きているのだ。

要は、今日はスマホもインターネットも見ないで、飯食って、うんこして、働いて、夕日を見て、「あ〜あ」と言って眠りにつこうということだ。

---

**ヨハネによる福音書11章32—44節**

マリアはイエスのおられる所に来て、イエスを見るなり足もとにひれ伏し、「主よ、もしここにいてくださいましたら、わたしの兄弟は死ななかったでしょうに」と言った。イエスは、彼女が泣き、一緒に来たユダヤ人たちも泣いているのを見て、心に憤りを覚え、興奮して、言われた。「どこに葬ったのか」彼らは、「主よ、来て、御覧ください」と言った。イエスは涙を流された。ユダヤ人たちは、「御覧なさい、どんなにラザロを愛しておられたことか」と言った。しかし、中には、「盲人の目を開けたこの人も、ラザロが死なないようにはできなかったのか」と言う者もいた。イエスは、再び心に憤りを覚えて、墓に来られた。墓は洞穴で、石でふさがれていた。イエスが、「その石を取りのけなさい」と言われると、死んだラザロの姉妹マルタが、「主よ、四日もたっていますから、もうにおいます」と言った。イエスは、「もし信じるなら、神の栄光が見られると、言っておいたではないか」と言われた。人々が石を取りのけると、イエスは天を仰いで言われた。「父よ、わたしの願いを聞き入れてくださって感謝します。わたしの願いをいつも聞いてくださることを、わたしは知っています。しかし、わたしがこう言うのは、周りにいる群衆のためです。あなたがわたしをお遣わしになったことを、彼らに信じさせるためです」こう言ってから、「ラザロ、出て来なさい」と大声で叫ばれた。すると、死んでいた人が、手と足を布で巻かれたまま出て来た。顔は覆いで包まれていた。イエスは人々に、「ほどいてやって、行かせなさい」と言われた。

# 第二十二話　お前の最悪を最高に変えてやる！

クリスチャンでない人々に出会うと、「牧師さん、祝福してください！」と言われることがある。ゲームの『ドラクエ』に出てくる教会、映画『ロッキー』で聖職者がロッキーの試合前に祝福する名場面があるためか、人々は牧師は懺悔を聞く人、祝福をする人というイメージを持っているようだ。

しかし、はっきり言ってしまえば牧師から祝福を受けても、すぐさま幸せになれるわけではない。結婚式で牧師はカップルのこれからの人生を祝福するが、すべての夫婦が生涯円満に暮らすわけではないし、離婚する者は離婚する。教会で牧師に厄除け家内安全を祈ってもらって、その帰り道に交通事故で足を折った人を私は知っている。いや、祝福を受けクリスチャンとして生きていると、むしろ人生が不幸になるのではないかと思わされる時も多々ある。

それなのになぜ、それでも人々は祝福を受けに教会にやってくるのか？　そしてそのことを知りつつ人々を祝福し続ける牧師はペテン師なのだろうか？

だがそんな疑問をふっ飛ばすような祝福を、私は香港の鉱山で受けてしまったのだ。数年前、香港で私が所属するルーテル教会のピクニック礼拝があり、三十人ほどの信者たちと一緒に鉱山に登った。そこは貧しい抗夫や農民たちのために、香港で最初のルーテル教会が建てられたところだ。鉱山そのものは閉鎖されていたが、現在そこはスラムのような場所になっていて、貧しい人々が暮らしていた。崩れそうなバラック小屋が何軒かあり、痩せこけた野犬が走り回っているような、ちょっと異様な場所だった。

そのような場所に建てられた小さな教会で礼拝を行い、最後に牧師が皆を祝福した。「神があなたを祝福し、あなたを守られます。安心して行きなさい」

私が毎週のように礼拝の最後に信者たちに向かって祈っている祝福と同じだ。不謹慎ながら、何千回と聞いてきた祝福の言葉に私は何も感じなかった。

だが、事件はその時起きたのだ。祝福を受けた私が教会を出て、スラムに一歩踏み出したその瞬間、まるで映画のワンシーンのように、向こうから二匹の野犬が唸り声をあげながら、ものすごいスピードで私目がけて駆けて来たのだ。逃げる暇なんてなかった。そして、『ドラえもん』ののび太のように、私は思いっきりガブッと野良犬に噛みつかれた。私は顔面蒼白、頭の中は真っ白になった。なぜなら、その犬はよだれを垂らし、肌が荒れていて、どう見ても狂犬病に感染しているように見えたからだ。医学的に言うなら、狂犬に噛まれたら九九・九％人間は死ぬ。しかも感染すると、最後は水が怖くなって水を飲めなくなり発狂しながら死んでいくのだ。

牧師と信者たちが慌てて教会から飛び出してきた。牧師は不安そうな顔で私の顔を覗き込み、「大丈夫？」と聞いてきた。私はそんな牧師の姿に腹を立てた。人の不幸を前にして何もできないくせに職業柄心配する素振りをする。まるで自分を見ているようだったからだ。私は心の中で叫んでいた。「牧師も教会もいらねーよ！　俺に必要なのは医者と病院だ！」

本当は「全然、大丈夫じゃねーよ！」と怒鳴りたかったが、無理して「うん、たぶん大丈夫だと思うけど、あなたが最後に祈ってくれた祝福、『主があなたを祝福し守られます』っていう祈り、俺にだけ届かなかったみたい」と嫌味混じりのジョークを言うのが精一杯だった。

するとその時、そこにいた一人の男性信者が「病院に連れてくから僕の車に乗って」って言ってくれた。「死にたくねえ！」藁をもすがる思いで私は車に飛び乗った。病院に向かう間、彼は狂犬病に関するうんちくを披露していたが、そんな話はいいから一秒でも早く病院に連れていけ、私はイラだっていた。

そして病院に着くと、彼は「じゃあ、お大事に！」と走り去った。しかし病院に入るや、さらなる不安が私を襲った。というのも日曜日午後の病院のロビーは多くの人でごった返していて、「八時間待ち」というサインが出ていたからだ。最悪だった。でも私は野良犬に噛まれて死にたくなんかない。絶対に狂犬病のワクチンの注射を受けるのだ！　受付表に必要事項を書いて出し、「さあ、八時間待つぞ！」と覚悟して椅子に腰を下ろしたその瞬間だった。処置室から「ミスター関野、お入りください」と声をかけられたのだ！　そして処置室に入ると、ドクターがすぐに狂犬病の予防ワクチンを接種してくれたのだ。病院に着いてからまだ三分も経っていなかった。

鉱山から病院に私を車で連れて来てくれたのは、なんとその病院の副院長だったのだ。「今から日本人を連れてくから最優先でワクチン打ってくれ」と指示を出しておいてくれたのだ。こんな奇跡があるだろうか？　そして、鉱山の上で牧師が祈ってくれた祝福の言葉が心の中に蘇ってきた「神があなたを祝福し、あなたを守られます。安心して行きなさい」、嘘じゃなかった。神が本当にいて、神の技で私を守り導いてくれた。最悪の状況の中で神の最高を見せてくれた。「祝福の祈りが私にだけ届かなかったみたい」と鉱山で牧師に皮肉を言った自分を私は恥じた。

この時、私は神の祝福の本当の意味がわかったのだ。祝福とは厄除けや家内安全、商売繁盛を叶えてくれる祈りなんかじゃない。そうではなく、「お前の最悪の中に俺が最高をつくってやる！」という神からの宣言なのだ。

聖書の中でアブラハム、モーセ、ノア、彼ら全員が神から祝福を受けた。けれども、彼らを待ち受けていたのは大きな試練だった。アブラハムは故郷を捨てて旅に出かけさせられ、モーセは砂漠の中を四十年も放浪させられ、ノアは世界が沈む大洪水の中で方舟をつくらせられた。しかし、徹底して神を信じたアブラハムの生き方は、イスラム教、ユダヤ教、キリスト教という世界宗教の基になった。モーセは海を割り何十万人と言う奴隷状態のイスラエル人をエジプトから救出した。ノアは世界を沈ませた洪水を箱舟で乗り越えて、新しい大地にたどり着いた。全員、絶体絶命の最悪を超えて世界を変える最高にたどり着いた。

十字架で殺され、そこから蘇ったイエスも最後に、自分の弟子たちを祝福して天に帰っていった。だが弟子たちはというと、イエスを裏切ったまま全然反省していない。なぜ神の子イエスが十字架で殺され、そこから蘇ることができたのか理解ができないどころか信じてさえいない。弟子たちは、イエスの弟子ということで残党狩りにあうのではないかと怯え、未だ引きこもっていた。

でも、いやだからこそ、イエスは弱い彼らを弱いままで祝福した。「世界を変えるあなたたちは、たくさん迫害されて攻撃され続けるだろう！　でも大丈夫だ、私の力があなたたちに宿っているから！」と祝福して、イエスは弟子たちに世界を任せて天に帰っていくのだ。丸投げもいいところだ。しかし、イエスに祝福された弟子たちは人々に救いを届けるために世界に旅立った。そして新たな革命を起こし始めた彼らは、当然権力者たちに睨まれ、攻撃され、全員殺されて殉教した。最悪だ。最悪の結末だ。でも、彼らが引き継いだイエスの教えはその後聖書となり、そして全世界を変えたのだ。

祝福の力はハンパじゃない。人が生きる中で経験する最悪を前にイエスが言うのだ。「大丈夫だ、今は最悪でも必ずそこに最高が始まる！」と。いや、むしろ最高は最悪の中からしか生まれないのかもしれない。そんなことを香港の鉱山で野良犬とワクチンから教えられたのだった。ところで、狂犬病のワクチンの接種を受けた後、傷口の消毒をしてもらった。素敵なナースの前でズボンをペロンと脱いで足の噛まれた部位を見せた。するとナースが「なーんだ、こんな小さな傷なんだ」と言い放った。最悪に恥ずかしかった。イエス様、こんな惨めな私に今日も祝福を！

**ルカによる福音書24章44—53節**

イエスは言われた。「わたしについてモーセの律法と預言者の書と詩編に書いてある事柄は、必ずすべて実現する。これこそ、まだあなたがたと一緒にいたころ、言っておいたことである。」そしてイエスは、聖書を悟らせるために彼らの心の目を開いて、言われた。「次のように書いてある。『メシアは苦しみを受け、三日目に死者の中から復活する。また、罪の赦しを得させる悔い改めが、その名によってあらゆる国の人々に宣べ伝えられる』と。エルサレムから始めて、あなたがたはこれらのことの証人となる。わたしは、父が約束されたものをあなたがたに送る。高い所からの力に覆われるまでは、都にとどまっていなさい。」イエスは、そこから彼らをベタニアの辺りまで連れて行き、手を上げて祝福された。そして、祝福しながら彼らを離れ、天に上げられた。彼らはイエスを伏し拝んだ後、大喜びでエルサレムに帰り、絶えず神殿の境内にいて、神をほめたたえていた。

# 第二十三話 見て、見て、私を見て！

あなたが今、スタバでキャラメル・マキアートを飲みながらまったりしているとか、昨晩久々に友達と会って居酒屋で何を食べたかとか、私にはどうでもいいことだ。ましてや、あなたがオンライン上で繰り広げている政治批判やウンチクなどはゴミ箱の中の週刊誌と同じだ。

フェイスブック、ツイッター、インスタグラムといった、いわゆるＳＮＳに群れ集う「友達」という名の他人の日常をチェックすることに、現代の人々はどれだけの時間を使い、どれだけの感情を浪費しているのだろうか。フェイスブックなどはご丁寧にも人様の誕生日を友達に教えてくれ、誕生日には百人を超える世界の友達から「おめでとう！」のメッセージが届く。ひねくれ者の私は今年、自分の誕生日を非公開設定にしてみた。すると、「お誕生日おめでとう」とメッセージを送ってくれたのは０人になった。表面的に繋がったフェイスブック上の友達は本当の友達なんかじゃない。

直接人と人とが会いにくいコロナの時代、人々はオンライン上で誰かが押してくれる「いいね！」ボタンで承認欲求を満たし、逆に自分と意見が異なる者、社会からはみ出している者を見つけては吊るしあげ、袋叩きにして自分の正しさを証明しようとする。人々はこうして、自分が生きていることをかろうじて感じている。

私も会った事のない誰かから「関野牧師最高です！」と称賛を受け、そして名前も知らない誰かから「関野という牧師は最低だ！」と呪われる。新しいリアリティは、感情と集中力をかき乱すぶっ壊れたラジオのように不確かな情報と雑音を拡散していく。こんな日々に疲れた私は、必要な時だけWi-Fiにアクセスし、後の時間はスマホさえ持たないことにしている。

あなたはどうだろうか？　他人の評価を気にし、オンライン上で正義の味方を演じ、はみ出し者を叩く日々に疲れてはいないだろうか。だからといって、私は「人の評価などではなくて、あなたをおつくりになった神様がちゃんとあなたを見つめ、あなたを愛している」といった、いかにも宗教者が言いそうなキレイ事を言う気はさらさらない。私自身、人の評価が気になってしかたない。自分のアンチがいることは当然だとわかっていても、批判のメールやコメント一つでかなり落ち込み、その傷を癒すために九十九％の人々の支持がほしいと願っている。こんな私は所詮二流、三流の宗教者である。

だがある日、私は「こんな一人がいてくれれば、たとえ全世界を敵に回してもかまわない！」と思えるほどの出会いを体験した。それは地方のキリスト教会に呼ばれ、礼拝でメッセージを語った後の事であった。

礼拝が終わると私の前には列ができて、多くの人が「関野牧師に会えて嬉しい！」「お話に感動した！」と言葉をかけてくれた。この上なく嬉しいのだが、実は同じだけの虚しさを感じる瞬間でもあるのだ。この称賛の分だけ私は批判を浴びているし、こうやって人が私を必要としてくれることなど人生の中の一時であり、直ぐに忘れられることを知っているからだ。

一通り人々と言葉を交わしたその後だった。目を上げると杖をついた高齢のご婦人が私の方に歩いてきた。なんと、九十代の私の大叔母であった。近くの教会に通う彼女は、この日私が礼拝メッセージを語ると聞きつけやって来てくれたのだった。大叔母は私の方に歩み寄り、「和寛君、私は耳が遠いから、礼拝であなたが何を話したかは何もわからなかった……。けれどね、今日あなたの姿を見て、あなたがちゃんと牧師をやっていることがよくわかった。あなたは私の誇り、涙が出るほど嬉しいよ」と言った。

その時、稲妻に打たれたかのように私の魂に衝撃が走った。もちろん高齢の大叔母が杖をついて歩いて、私の話を聞きに来てくれた事だけでもすごく嬉しかった。だが、それ以上に嬉しかったのは、彼女は私が何を話しているかわからなかったにも関わらず、言葉を超えて私の存在を聞き取ってくれたことだった。もちろん、親戚ということもあるだろう。だが、彼女は私がこれまでどのような道を歩んできて何を考えて生きているかなど、詳しく知るはずもない。彼女はありのままの今の私を無条件に見てくれたのだ。私が十字架の前に立ち、目の前の人々にキリストと希望を伝えようとしている姿だけを見てくれ、それを誇りに思うと言ってくれたのだ。

旧約聖書の中の最も美しい言葉、イザヤ書四三章四節に「わたしの目にはあなたは高価で尊い。わたしはあなたを愛している」という言葉がある。この言葉には、神がつくったイスラエルの人々を神がどれほど愛しているか、その溢れんばかりの気持ちが込められている。長い歴史を通して幾多の試練を経験したイスラエルの人々は、祖国を亡くし、家や家族を亡くし、様々な国々を転々とした。彼らはエジプトで奴隷になったり、バビロニアでは捕囚となったり、絶え間ない苦しみの中で生き続けた。どこまでも続く苦しみの日々の中、当然人々は神の存在など忘れてしまい、神に背いたり、他の神を信じる者さえ出てきた。

でも、だからこそ神は究極の「I Love You」、「どんな代価を払っても私はあなたを連れ戻す。あなたは私の宝物だ。あなたが何処にいようとも、何をしていようとも、救い出す。たとえあなたが私を忘れたとしても、私はあなたを愛している」と人々に語った。まさしく、無条件の「I Love You」だ。

そして時代と宗教を超えて、誰にとってもこのような魂の一言、無条件の「I Love You」が必要なのだ。たとえ苦しい日々の現実を変えてくれなくとも、私のありのままを愛し承認してくれる人の存在が必要なのだ。私にとって、あの日杖をついて会いに来てくれた大叔母の存在、その声がまさにそれだった。私がただただ私であるという事だけで愛しんでくれた。乾き切った私の魂に必要な声は大叔母の声だった。私の活動を批判するアンチの声でも、応援してくれるサポーターでもなくて、現実を生きている私をただただ全承認してくれる一言を、私はずっと、ずっと探していたのだった。

私がアメリカの子供の精神科病棟に毎日牧師として通っていた時、数多くの自殺未遂を経験した子供たちに出会った。彼ら、彼女たちの親は離婚していたり、ドラッグ中毒であったり、中には性的虐待を受けた子供もいた。絶望した子供たちは、自ら命を断とうとするのだが、ほぼ全員がインスタグラムでライブ中継したり、インターネット上に悲痛な叫びを書き綴っている。つまり、見ていてほしいのだ。家庭という最も安心できる場所が地獄と化した時、無条件で自分を受け入れてくれる誰かを探しているのだ。

私たちは誰しも、そんな無条件の「I Love You」の声と眼差しを探しているのだ。私たちが生まれたあの日、何もできなかった私たちは、ただ存在するという事だけで愛しまれ、抱き上げられ、二十四時間絶えず見守られ続けていた。泣き叫ぼうが転ぼうが、すぐに抱き上げて「大丈夫だよ」と言ってくれる存在が側にいた。だが、成長するにつれ自立を求められ、時に虐待され、居場所を失う。やがて競争社会に放り込まれ、大人の汚い姿と嘘にまみれた社会という現実を目の当たりにする。理不尽な世界で表面的に笑い、人を推しのけ蹴落とし、這い上がり、そして人を恨み、人に恨まれ、足を引っ張り合いながら、泥沼の中で自分が人より優れていると思い込もうと必死に足掻く。なんたる地獄だろう。

そんな歪んだ毎日の中で、絶え間ないゴミのような偽物の情報に溺れさせられ、それでも愛だの、正義だのと正論らしき言葉を語り、人より優れたふりをして、美味しいものを食べ、リア充な生活を演じてる。そんな奴隷のような日々、私はもうごめんだ。何も行動せず、リスクをとらずにセーフティーゾーンでスマホを見ている輩に「いいね！」ボタンで評価されたり、批判されるような人生なんか生きたくはない。

フェイスブックの友達は私の本当の姿を見てはいないし、ツイッターやインスタグラムのフォロワーは、あなたが本当に苦しい試練の道を行く時について来てくれはしない。そんなうわべの承認よりも私たちの人生を全肯定してくれる存在が一人いればいい。あなたがどこにいようが、何をしていようが、どんなに成功していようが、世界中から批判されていようが関係ない。あなたがあなたであるだけで、それを心から喜んでくれる、そんな人が一人いてくれればよい。そして、そんな一人が必ずあなたにもいると私は信じている。

**イザヤ書43章4節**
わたしの目には、あなたは高価で尊い。わたしはあなたを愛している。

# 第二十四話

## ホストクラブ歌舞伎町『愛本店』にてワンマンライブ

その日、私は歌舞伎町の老舗ホストクラブ『愛本店』の階段を下りていた。三百六十度鏡ばりの内装、そして今月の指名上位ホストの写真、初めて見る異世界に緊張で足がすくむ。これまでイスラエルの紛争地帯、インドのガンジス川、アフリカのサファリと様々な場所を渡り歩いてきたが、ホストクラブにはまだ足を踏み入れたことはない。

私は歌舞伎町の裏、新大久保にある十四年間務めた教会の牧師の任期を終えるにあたって、最後に自分のバンドのライブをやる場所を探していた。だが、どうせやるなら一般的なライブハウスなんかじゃなくて、新宿歌舞伎町を象徴するような場所でやりたかった。そこで歌舞伎町、夜の新宿を象徴する施設の一つである老舗ホストクラブ愛本店を貸し切るというアイディアが浮かんだのだ。

連絡をとってみると、営業前の時間であれば貸してくれるとのこと。私は早速アポイントメントをとり、企画書を持って訪れた。ここで女性たちがホストたちとの夢の時間を買い、一晩に何百万円と払って遊ぶのかと思うと、何だか急に胸の鼓動が高まってくる。

受付には、パンチパーマに色メガネをかけた貫禄のある幹部がいた。

「初めまして、今日、アポイントを取らせていただいております関野です」と言うと、「免許書のコピー取らせて」と、まずは身分を確認される。さすが老舗のホストクラブ、お客様じゃないどこの誰だかわからない者の入店には厳しい規制があるのか。

いざ店内に通されると、クリスタルが散りばめられたシャンデリア、金色のビーナス像、回るミラーボール、ドンペリニヨンのボトル、三億円ともいわれる内装が妖しく輝いている。十字架、ステンドグラス、パイプオルガンに象徴される教会とは対照的なセンスだ。

接客テーブルに通されると、「じゃあちょっと、これ書いておいて」と幹部が履歴書を渡してくる。ん？　何かがおかしい。「あのー、私ここでライブをさせてほしいと電話でお願いをした者なんですけど…」と言うと、「あ、ごっめーん！　採用面接と勘違いしてたよ」と幹部。

メチャクチャ嬉しかった！　思わず私は「すみません、私いま四十歳なんですけど、ここで働けますか？」と聞いてしまった。すると、「全然いけます！」と幹部。うぉ～！　めちゃくちゃ嬉しくなった。ホストクラブで働けると見込まれるなんて！　一瞬、本当に牧師を辞めてホストになろうかと思ってしまったくらい嬉しかった。

ふと思う。教会とホストクラブ、歩いて十分の距離なのに、なぜこんなにも精神的な距離があるのだろうか。愛本店のホストやお客さんは教会には来ないし、教会の信者や牧師はホストクラブに行くことはまずないだろう。もし、この現代にイエスがいたら、キリスト教会とホストクラブ、どちらに行くだろうか？　私は思うのだ。イエスはホストクラブに行くだろう、間違いない。夜の街で働く女性たちと酒を飲み、彼女たちを相手にするホストたちの仲間になるだろう。そして朝まで酒を飲み、そこで神の国を語るだろう。

　イエスは馬小屋のような場所でホームレスとして生まれ、生まれて直ぐに政治問題に巻き込まれ難民となり、貧しい村の大工の息子として育った。そしてイエスは娼婦や詐欺師、様々な罪人、病人たちとずっと一緒にいた。これをキリスト教の言葉では「受肉《じゅにく》」と呼ぶ。

　イエスは、天国から降臨した聖なる神の子ではなく、肉体を持った人である。その肉体はホームレスになり、難民となり、そして最後は十字架にかけられて処刑された。イエスの肉体は汚れ、擦り切れ、汗を流し、血を流した。そして、この世界で苦しむ人々の痛みをすべて知っている神の子になったのだ。

　だからこそ、私はここ歌舞伎町の裏、新大久保で牧師生活の集大成として、どうしてもホストクラブ愛本店でライブをしたかったのだ。

　実はこの頃、私は様々なバッシングを受け続け精神状況は限界に達していた。キリスト教会は、イエスのように「世界へ出かけて行こう！」とスローガンを掲げてはいるが、いざ牧師が教会の外に出かけると教会内部から強いバッシングを受ける。バッシングをしてくるのはすべて身内の牧師とクリスチャン。キリスト教系の学校に講演に出かけるだけでも「牧師が教会の外にばかり行っている」と言われる始末だった。そんな状況で、牧師がホストクラブでライブなどしようものなら収拾がつかない騒ぎになるのは火を見るより明らかだった。

だが、私はもう戻れない。いや、戻っちゃいけないのだ。自分なりの生き方を、最後こそは貫こうと私は腹を決めた。もし批判されたらこう問い返すだろう。「イエスだったらこの店を絶対に訪ねたと思います。そのイエスのように生きて何が悪いのですか?」と。

私は愛本店の幹部とライブの日程などを決めた。そして、クラブ内のステージで少しリハーサルをさせてもらった。歪んだエレキベースの音がホストクラブ内に響きわたる。すると、黒ずくめのホストたちが三々五々と出勤してくる。新人ホストたちは、夜の営業に備えておしぼりタオルや氷の準備を始め、先輩ホストはタバコをふかしながら「なんだコイツ、ウッセーな!」と言いたげな目つきでこっちを睨んでいる気がして、私はビビってしまった。

でも、既にすべてを覚悟して私はここに来ている。私は「ホストの皆さん、今日もお疲れ様です。今度ここでライブをさせてもらうことになりました。近所の教会の牧師です。ちょっと音うるさいけど、少しだけリハーサルさせてください!」と呼びかけ、レナード・コーヘンの『ハレルヤ』を歌い始めたのだった。

たぶん、天国に神とやらがいるんだろう。でも愛から俺が学んだことは、自分より早く銃を構える奴をどう撃ち殺すかだ。あなたが夜中に聞いたのは叫びなんかじゃない。それは誰かが見た光なんかでもない。それは冷たくて壊れたハレルヤなんだ。ハ〜レル〜ヤ〜、ハ〜レル〜ヤ〜！（私訳）

何とか歌い終わると、一人のホストが近づいて来て「ハレルヤ、いいっスよね！　俺、この曲先輩の結婚式で歌ったんスよっ！」と無邪気な笑顔で話しかけてくれた。もうひとり、別のホストが来て「牧師さんなんっスよね！　今度、俺の懺悔聞いてくださいよ！」と私に話しかけてくる。「この街で働いていたらいろいろな人間模様、見てらっしゃるでしょう？」と聞かれたので、「それはそうなんですけどね、俺自身、もう汚れまくっちゃったんですよ」と答えた。私はこんなにストレートかつ謙虚な懺悔を教会で聞いたことはなかった。世間のチャラチャラしているとか怖いとかいったホストに対する偏見が、一気になくなったような気がした。

下見とリハーサルを終えて帰ろうとすると、さっきのパンチパーマの幹部が、「いいライブにしましょう！　私もツイッターで宣伝しますよ！」と言ってくれた。実際、ほどなくしてその幹部は私のツイッターをフォローしてくれ、ライブの宣伝を本当にしてくれた。日本中、いや世界中でホストクラブとツイッターで相互フォローし、かつ応援してもらっている牧師は私だけだろう。十四年かかって、私はやっとこの街に生きる仲間に入れてもらった気がした。これまでなぜ、私は歌舞伎町のコアな場所に出向かなかったのだろうか。きっと怖かったのだ。

愛だ、平和だ、赦しだ、何だと教会で偉そうに人様に説きながら、それを私は実行できていなかった。

　クリスチャンとは、イエスの教えを信じる清く正しい人々の集まりではない。命がけの冒険をするイエスについて行く者こそがクリスチャンなのだ。そして、その先頭を行く者が牧師であるはずだ。だが、私は全然イエスについて行けてなかった。自分の身分が保証されているセーフティーゾーンにしがみついていた。そして自分が安心できるコンフォートゾーンで、自分の事を理解して応援してくれるクリスチャンにばかり時間を使っていた。

　自分の安全地帯を出て越境してこそ初めて出会える人々がいる。そして、その人々からしかもらえない何かがある。新宿歌舞伎町という歓楽街は大きな闇を抱えている。でも、その闇の中に在りながら私のような牧師を受け入れてくれた愛本店は本当の愛の本店だった。本来、キリスト教会こそ愛を分かち合う本店でなければならないのに。

　それにしても愛本店の幹部が私を雇おうとしてくれた事は、超嬉しいことであった。確かに私はホストクラブでは働けない。でも私は信じている、牧師もホストなのだ。この現実にあって、苦しみながらも必死に生きている人々の魂を支えるホストであるはずだ。そうだ、私は神のホストなのだ。

**ヨハネの手紙第一4章18節**

「愛には恐れがない。完全な愛は恐れを締め出します。なぜなら、恐れは罰を伴い、恐れる者には愛が全うされていないからです。」

# 第二十五話　あなたが神を信じていなくても、神があなたを信じている

誰かを信じるということは、「この人だったら絶対に間違いない」と確証を得ることではない。信じる対象が物であればそう信じていい。「新宿駅に一番早く行けるのはこの特別快速だ」間違いはない。だが、人はそうではない。「こいつと起業すれば絶対に大成功する！」そう仲間を信じて事業を展開し、巨額の借金を背負う事だってある。人間には必ずエラーがつきものだし、その不確実さが人間らしさでもあるからだ。

つまり、本当の意味で人を信じるとは「こいつと一緒にやって大失敗してもかまわない。それでもこいつといたい！」と覚悟できることではないだろうか。

私はカンボジア人の親友を信じて地獄を見たことがある。

カンボジアを旅した時、現地の親友、牧師でもあるディーラに勧められた生エビを爆食いして食中毒を起こし、滞在予定の一週間のすべてどこにも行けず、ホテルのトイレで嘔吐と下痢

を繰り返して過ごしたのだ。ちなみに、それまで私は世界の三十カ国以上旅をしてきたが、腹を壊したことは一度もなかった。衛生環境が悪い国では、歯磨きさえペットボトルの水を使う。だが、そんな旅慣れた私がなぜこの警戒システムをとっぱらい、カンボジアで生エビを食べまくってしまったのか？　その理由は単純だ。ディーラの言葉を信じてしまったからだ。もちろん、最初は何度も断った「俺は海外ではナマモノ食べないんだよ、お腹壊しちゃいけないからな」だが、ディーラは「いや、ここのエビはさっき川で取ったばかり。本当に新鮮だから大丈夫だよ！」と自信ありげに目を輝かせながら言うのだった。

そんなわけで、エデンの園のアダムのように彼の言葉を信じた私は、禁断の生エビに手を伸ばし、口に頬張った。口の中でプリップリッのエビがはじけ、豊かな甘みが拡がった。本当に美味しかった。ディーラとメコン川の夕日を見ながら、エビをつまみにアンコールワットビールを飲み、そして互いの未来を語り合い、その夜は更けていったのであった。しかし、夢のような時間は消え去り、翌朝から最悪の現実が始まった。止まらない嘔吐と下痢、全身痛、高熱、倦怠感、本当に死ぬかと思った。ホテルのフロントで「熱を冷ますための氷をください」と頼むものの、そこには冷凍庫がなく、仕方なく冷蔵庫の中の缶ビールで頭と体を一週間冷やし続けた。予定していた現地の教会ツアー、アンコールワット観光、どこにも行けず、私はホテルのベッドとトイレの上だけで過ごした。

だが、私は後悔していない。強がりではない。本当にディーラを信じたことを後悔していない。自分史上最悪の旅であったが、同時に最高の思い出になっている。まあ、生きて帰ってこられたからそう言えるのかもしれないが。でも、生きているうちに「こいつを信じて裏切られてもかまわない、失敗してもかまわない」と思える相手に出会える事以上に豊かな事はないと思う。

ディーラは私が香港の神学大学院で学んでいた時の同級生だった。ディーラの生い立ちは壮絶だ。彼はポルポト政権下のカンボジアで生まれ、両親は政府によって殺されてしまった。その後、タイのキリスト教系の孤児院に預けられ、彼はそこでタイ語と英語を習得し三カ国を話せるようになった。さらにこの苦しい経験を通し、自分も難民や孤児を助けたいと願い、彼は牧師になった。牧師になったモチベーションが温室育ちの私なんかとはまったく違う、またその背負った使命の大きさに私は心底ディーラを尊敬した。

一緒に生エビを食べた夜、彼は数年前に亡くした自分の妻のことを話してくれた。彼が妻をバイクの後部座席に乗せて走行していた時、落下事故が起きて亡くなってしまったのだ。「今でも妻を愛しているから、どうしても再婚できないんだよ」と、彼女の写真を見せながらディーラは少し寂しそうに微笑んでいた。この夜もレストランに来る時にディーラは私をそのバイクの後ろに乗せて結構スピードを出していた。彼はフルフェイスヘルメットをしていたが私の分はなかった。しかも、帰り道は思いっきり飲酒運転だった（カンボジアは飲酒運転の取り締まりがない)。生エビも怖かったが、帰り道も冷や汗ものだった。けれども私は怖くはなかった。尊敬する親友ディーラだからだ。彼を信じて死んでもかまわないとさえ感じた。またカンボジアに行ったらディーラに会いたい。もちろん今度は生エビを絶対に食べないが、彼とビールを飲んで語り合いたい。彼を信じているからだ。

ディーラと生エビは、私がいかに神を自分勝手に信じていたかということを教えてくれた。私は神が自分に良いものを与えてくれる存在として信じようとしていた。だが、そうではない。聖書を読めば、イエスの弟子たちが自分勝手な期待を持ち過ぎて、逆にイエスに失望してしまったことがよくわかる。彼らは信じていた。神の子イエスについていけば、貧しく抑圧された生活から抜け出せる。固定された貧民層の身分から自分たちはキリストが再建する国家の行政官にさえなれるかもしれないと。要するに、弟子たちは極めて世俗的な成功を求めていた。人として当然だ。だが、自分たちをそう導いてくれるはずのイエスが、いきなり逮捕され、断罪され、あろうことか十字架にかけられ処刑されてしまった時に、その信仰心は一気に崩れ去ったのだ。イエスが自分の望む神ではなくなってしまったからだ。弟子たちはイエスを真に信じていたのではなく、勝手な期待を持っていただけだった。

イエスは逆だった。弟子たちに期待はしていなかった。イエスは自分が宗教者や法律家たちに捕まってしまった時、弟子たちが自分を見捨てて逃げ出す事を知っていた。きっと最初からわかっていたはずだ。それでも敢えて彼らを選んだのだ。優秀な政治家でも、勇敢な兵士でもなく、読み書きもできなかったであろう肉体労働者や税金の取り立て役のような庶民を敢えて選んだ。彼らが本当の人間だったからだ。見栄、欲望、弱さ、嘘を抱え、それでもどこかに愛や優しさを持つ人間だったからである。

イエスは彼らを信じた。自分が愛し選んだ弟子たちが、どのようになろうとも、たとえ自分を裏切り見捨てようとも、それでもかまわないと決意していた。

そして時が来る。イエスを妬んでいた法律学者や宗教者たちがイエスを逮捕し、縛り上げて大祭司の家にしょっぴいて行った。いきなりの出来事に弟子たちは全員イエスを助けず一目散に逃げ出した。「イエスのためだったら命を捨てられる！」と豪語していたペトロは、その後イエスが心配でたまらなくなり、大祭司の家の中庭に忍び込んで中を覗いていた。だが周囲の人々がペトロに気がつき「この人はあのイエスの弟子だ！」と口々に言い出した。「自分も一緒に逮捕されてしまうかもしれない！」恐怖心のあまり、ペトロは「私はそんな人を知らない！」イエスと自分は関係ないと三度も否定してしまうのである。そして鶏が甲高く鳴き声をあげる。イエスはペトロに予言していた「あなたは今晩、鶏が鳴く前に三度私を知らないと言うだろう」その通りになってしまったのだ。

その瞬間だった。縛り上げられていたイエスが遠くから振り返り、中庭にいるペトロを見つめたのだ。この時イエスはどのような目をしていただろうか？　その目はきっと寂しさに満ち溢れ、そして自分を捨てたペトロさえそれでも慈しむ、そんな眼差しだったのではないだろうか。「私はそれでもあなたを信じているよ」そんな言葉にならない思いがイエスの目から溢れていたのではないか。

ペトロは泣き崩れた。それでも怖くてイエスを助けに大祭司の家に飛び込めない自分の弱さに、そしてそんな最低な自分をそれでも見捨てないイエスの愛の深さに、ペトロは涙を流した。ペトロはイエスを信じきれなかった。だが、イエスはペトロを信じていた「いいよ、私を捨ててもいい。それでも私はお前を選んだことを後悔していないよ。お前の良さを私は誰よりも知っているから」

イエスに信じられていたペトロは、この時はダメダメの最低な男だった。けれども時が来て、ペトロはキリストの代理、初代の教皇になり、世界を変える男になった。そして最後には、クリスチャンが弾圧されていたローマに乗り込み、そこで捉えられイエスと同じように十字架で命を捧げた。

**ルカによる福音書22章54―62節**

人々はイエスを捕らえ、引いて行き、大祭司の家に連れて入った。ペトロは遠く離れて従った。人々が屋敷の中庭の中央に火をたいて、一緒に座っていたので、ペトロも中に混じって腰を下ろした。するとある女中が、ペトロがたき火に照らされて座っているのを目にして、じっと見つめ、「この人も一緒にいました」と言った。しかし、ペトロはそれを打ち消して、「わたしはあの人を知らない」と言った。少したってから、ほかの人がペトロを見て、「お前もあの連中の仲間だ」と言うと、ペトロは、「いや、そうではない」と言った。一時間ほどたつと、また別の人が、「確かにこの人も一緒だった。ガリラヤの者だから」と言い張った。だが、ペトロは、「あなたの言うことは分からない」と言った。まだこう言い終わらないうちに、突然鶏が鳴いた。主は振り向いてペトロを見つめられた。ペトロは、「今日、鶏が鳴く前に、あなたは三度わたしを知らないと言うだろう」と言われた主の言葉を思い出した。そして外に出て、激しく泣いた。

# あとがき

神の子イエスが十字架にかけられ死んだ事が、なぜ人類の救いなのか。実は牧師をしている今でもわからない。説明する言葉も持ってはいない。けれども、私はこのイエスと出会ってしまったのだ。

私には障害を持った妹がいる。ダウン症と重い心臓病を持って生まれた妹は、体がとても弱かった。そして彼女は十五歳の時、急性の糖尿病を患って血糖値が二千近くになるという医学的にも見たことのない状況に陥り、一気に危篤状態になってしまった。

神に祈り助けを求めるというより、二十歳だった私は泣き叫びながら神を呪った。「神よ、あなたがいるなら、なぜこんな事が起こるんだ！」

医師からは「あと、もって二、三日です」と宣告され、重く暗い気分で集中治療室に入ったことを今でも鮮明に覚えている。ドラマで見るようなものものしい部屋で、管だらけになって苦しそうに息をしている妹を見て、私は心底絶望した。しかし、この瞬間、ずっと信じてきたイエスの姿が見えたのだ。妹のベッドがイエスの十字架に重なって見えたのだ。父なる神は我が子を十字架へ送り、そしてその死を見なくてはならなかった、なんと胸が張り裂けるような苦しみだっただろうか。今まで何度読んでもわからなかった十字架のイエスと、初めて出会えた瞬間だった。

その時、知り合いの牧師が神戸から新幹線に乗って東京の病院まで駆けつけてくれ、「家族です」と偽り集中治療室にまで入ってきて、ベッドの前で跪いて祈ってくれた。その姿を見て私は、「牧師になろう」そして将来は病院で働く牧師、チャプレンになりたいと思った。

その後、私は歌舞伎町の裏、新大久保の教会で十四年間牧師をした後、二〇二〇年七月にパンデミックの真っ只中にあったアメリカに渡り、チャプレン（病院付きの聖職者）として働いた。その中で私は毎日、コロナ病棟をはじめ病院の中で患者さんや家族と過ごした。殺人事件で子どもを殺された母親と一緒に何度も泣いた。コロナで健康だけでなく職や家族までも失った人と一緒に神に怒った「神よ、あなたがいるなら、なぜこのような事を起こすんだ！」

ある日、父親の再婚相手から虐待され、再婚相手を殺そうとして捕まり、精神科に入院させられた少年が、刃物のような目で睨みながら私にこう言った。「僕は教会が大っ嫌いだ！偽善者たちの集まりだ！」その時、咄嗟に言葉が出た「マジで⁉ 俺も教会あんま好きじゃないんだよね～」「えっ、だってあんた牧師でしょ？」と少年。「うん、でも世の中の教会はあまり好きじゃない。俺のやる事、言うことにいちいちケチつけてくるからさ」と答えると、さらに少年は問うてくる。「じゃあ、あんたはどこの教会に属しているの？」「うん、俺の教会はここの病院で、メンバーは君！」と伝えると、「クールじゃん！　トランプしようぜ、牧師さん！」と二人でポーカーを始める。

イエスはこう言った「二人または三人がわたしの名によって集まるところには、わたしもその中にいるのである」私はこのようなキレイ事が通用せず、希望さえ見えない病室のような場所にこそ、イエスが居ると思う。便所のごとく臭い馬小屋のような場所で生まれ、命を狙われ難民になり、そして最後には仲間に裏切られ、素っ裸で十字架にかけられたイエスなら、この少年の怒りも悲しみもわかってくれるはず。

このイエスを信じてくれとは言わない。聖書を読んでみてくれとも、一度教会に行ってみてくれとも私は言わない。でもひとつだけ言えるのは、このイエスがあなたの生きる苦しみを知っているという事。何もしてくれはしないかもしれないが、そんなイエスが今日もあなたを見ているということだ。それしか私には言えない。

この本の企画は、ユーチューブにアップされている私が教会の礼拝で語った聖書のメッセージを聞いて、あべさなえさんがわざわざ文字起こしをし、バジリコ社の長廻健太郎社長に紹介してくれたことがそもそものきっかけだった。そして、長廻社長が「おもしろい！」と言ってってくれたことにより具体的な出版計画が始まった。聞いてもいないが、もちろん二人はクリスチャンではないと思う。そんな二人と錦糸町の立ち飲み屋でホッピーを飲み、カニクリームコロッケをつまみながら「多くの人に届いてほしい」と熱く語り合った。二人の熱き想いに感謝。そして、今日この本を読んでくれたあなたが少しでも笑ってくれたのなら、このくだらない世界は今日も素晴らしい。

**関野和寛**（せきの・かずひろ）

ルーテル津田沼教会牧師。東京生まれ。青山学院大学国際政治経済学部を卒業。障害を持つ妹の命の危機を前に牧師になることを決意。日本ルーテル神学校に学び香港ルーテル神学校宣教牧会博士課程修了。2006年より新宿新大久保のルーテル東京教会の牧師として14年間勤務。2020年、パンデミック下のアメリカに渡り、1年間ミネソタ州アボットノースウェスタン病院でチャプレン（病院付き聖職者）としてコロナ病棟、精神科病棟の患者の看取りや心のケアに従事。牧師4人組によるバンド『牧師ROOCKS』のリーダー。趣味キックボクシング。著書として『すべての壁をぶっ壊せ！』『神の祝福をあなたに。』『ひとりで死なせはしない』（共に日本キリスト教団出版局）、『ROCKERS OF THE HOLYLAND』（キリスト新聞社）、『天国なんてどこにもないよ』（教文館）等がある。

**きれい事じゃないんだ、聖書の言葉は**

2021年12月10日　初版第1刷発行

著者　**関野和寛**
発行人　**長廻健太郎**
装丁　**河野宗平**
カバー写真　**HIDEMI OGATA**
発行所　**バジリコ株式会社**
〒 162-0054
東京都新宿区河田町3-15 河田町ビル3階
電話：03-5363-5920　ファックス：03-5919-2442
http://www.basilico.co.jp

印刷・製本　**中央精版印刷株式会社**


ISBN978-4-86238-249-8